Goldhamster und andere kleine Heimtiere

ratgeber ht

Die gutmütigen, anspruchslosen Meerschweinchen sind für Kinder – und nicht nur für diese – die richtigen Spiel- und Streicheltiere.

Goldhamster und andere kleine Heimtiere

Von Dr. Siegfried Schmitz

Humboldt-Taschenbuchverlag

humboldt-taschenbuch 289
Umschlag: Toni Angermayer
Innenbebilderung: Toni Angermayer vor S. 17
Horst Bielfeld nach S. 16, nach S. 80
Dr. Hans Jesse nach S. 32, vor S. 33, vor S. 81, vor S. 97
Dr. Siegfried Schmitz nach S. 96 und Frontispiz

Druck: Ebner Ulm
Printed in Germany
ISBN 3-581-66289-2

2 3 4 * 82 81 80

Inhalt

Heimtierhaltung mit Sinn und Verstand . . 7

Praktisches Heimtier-ABC 11

Anfassen 11

Anschaffung 13

Eingewöhnung 14

Ernährung 15

Geschlechtsunterschiede 16

Gesundheitspflege 17

Kindertiere 18

Nachwuchs 19

Preise 20

Rechtliches 21

Unterbringung 22

Urlaub 24

Wissenschaftliche Namen 26

Zähmung 26

Zoonosen 28

Die beliebtesten Heimtiere

Goldhamster 31

Die Entdeckung des Goldhamsters 33

Der Goldhamster als Hausgenosse 34

Unterbringung, Haltung und Ernährung 35

Streifenhamster 40

Ein ideales Kindertier 41

Meerschweinchen 42

Das Haustier der Inkas 43

Meerschweinchenwohnungen 45
Ernährung 49
Meerschweinchennachwuchs 49

Zwergkaninchen 50
Farbenzwerge 51
Unterbringung und Ernährung 53
Zucht 55

Streifenhörnchen 56
Zahmheit ist alles 57
Unterbringung und Verpflegung 59
Zucht 64
Andere Hörnchenarten 65

Weiße und bunte Mäuse 66
Mäuse in allen Variationen 67
Unterbringung 68
Die Mäuseburg 70
Ernährung 73
Mäusezucht? 74
Andere Mäusearten 75

Wüstenrennmäuse 77
Unterkunft und Ernährung 79
Der Umgang mit Wüstenrennmäusen 81

Schildkröten 83
Schildkröten – richtig gepflegt 85
Überwinterung 89
Andere Schildkrötenarten 92

Dornschwänze 93
Dornschwanzporträts 94
Unterkunft und Verpflegung 96

Frösche 99
Der Laubfrosch 100
Unken 103

Weiterführende Literatur 107

Register 109

Heimtierhaltung mit Sinn und Verstand

Tiere zu halten ist heutzutage »in«. Womit sich früher nur Spezialisten und einige wenige, als leicht verschroben geltende Tierliebhaber beschäftigten, ist in den letzten Jahren zu einer wahren Bewegung geworden. Gemeint sind hier natürlich nur die Heimtiere im eigentlichen Sinn, nicht die altvertrauten Haustiere Hund und Katze, die schon seit Jahrtausenden im Umkreis des Menschen leben und gleichsam selbstverständlich zu Haus und Hof gehören. Von Hunden und Katzen soll deshalb in diesem Buch auch nicht die Rede sein.

Für den gegenwärtigen, immer noch ansteigenden Boom in der Heimtierhaltung lassen sich verschiedene Gründe anführen:

1. Liebhabertiere werden heute in großer Zahl gezüchtet oder importiert und zu erschwinglichen Preisen in den Zoofachgeschäften und sogar in manchen Kaufhäusern angeboten.
2. Besonders wohlgeratene Heimtiere, die früher nur selten oder überhaupt nicht zu haben waren (z. B. Goldhamster, Streifenhörnchen und Rennmäuse), sind neuerdings regelmäßig im Handel.
3. Durch moderne technische Hilfsmittel und ein breitgefächertes Sortiment von guten Fertigfuttermischungen, von deren Herstellung mittlerweile eine ganze Industrie lebt, ist die Tierhaltung erheblich erleichtert und vereinfacht worden.
4. Je mehr unsere Welt von Technisierung und Rationalisierung bestimmt ist, um so mehr sehnt sich der Mensch, zumal der streßgeplagte Großstädter, nach einem kleinen Stück Natur, nach einem lebenden Wesen, das ihn durch seine bloße Anwesenheit erfreut. Das trifft in besonderem Maß auf viele Kinder zu, die vielleicht noch nie in ihrem Leben eine richtige Kuh aus

nächster Nähe gesehen oder einem Pferd den Hals getätschelt haben.

Der zuletzt genannte Grund scheint mir das Hauptmotiv für die wachsende Beliebtheit der Heimtierhaltung zu sein, auch wenn sich die meisten Menschen dessen kaum bewußt werden. Hier kommen ohne Zweifel unterbewußte, irrationale, von der Zivilisation verschüttete Wünsche und Sehnsüchte ins Spiel. Der moderne Mensch, der sich gezwungenermaßen der Natur immer mehr entfremdet hat, kann offensichtlich einen unmittelbaren Kontakt zu seinen tierischen Mitgeschöpfen nicht völlig entbehren. Er mag sich nicht mit Tierbüchern und Tierfilmen und gelegentlichen Zoobesuchen begnügen, er braucht ein echtes, lebendiges Tier, das er ständig beobachten und liebhaben kann und das ihm gehört. Mit einem Wort: er braucht ein Heimtier – oder gleich deren mehrere.

Was nun ein Heimtier genau ist, läßt sich nicht so einfach sagen. Grundsätzlich fallen alle einheimischen oder fremdländischen Tiere, die jemals von Menschen zu ihrem Privatvergnügen im Heim gehalten worden sind, unter diese Kategorie. Der halbzahme Gepard oder Nasenbär, der Alligator in der Badewanne oder die hochgiftige Grüne Mamba im Terrarium zählen ebenso dazu wie das Meerschweinchen, die kleine Schildkröte und der Goldfisch.

Hier bereits beginnt die Sache problematisch zu werden. Größere Raubtiere, Giftschlangen und Krokodile sollten, wenn überhaupt, nur von Leuten gehalten werden, die über entsprechende Räumlichkeiten und sehr viel Erfahrung verfügen und überdies solide wissenschaftliche Ziele verfolgen. Wer diese Bedingungen nicht erfüllen kann, läßt lieber die Finger von derlei ausgefallenen und schwierigen Heimtieren, die hin und wieder angeboten und vielfach von irgendeinem ebenso ahnungslosen wie ehrgeizigen Tierfreund erworben werden. Die Folge dieser unbedachten Tat: Weder das Tier noch der betreffende Mensch fühlt sich auf die Dauer wohl dabei. Und es ist im übrigen auch sehr die Frage, ob besagter Tierfreund überhaupt als solcher bezeichnet werden darf – ob er nicht seinen exotischen tierischen Hausgenossen lediglich aus Prestigegründen erstanden hat. Der Hang zum Exklusiven, der heute so verbreitet ist, sollte sich auf tote Renommierstücke beschränken, auf Teppiche, Bilder oder Sportwagen. Tiere sind in jedem Fall zu schade, um als lebende Statussymbole von Snobs mißbraucht zu werden.

Das ist das eine. Und das andere ist die eigentlich selbstverständliche Einsicht, daß beispielsweise ein possierliches Streifenhörnchen genausoviel Freude machen kann wie eine Raubkatze – und längst nicht soviel Mühe und Ärger! Es kommt nicht auf die Seltenheit oder Kostbarkeit eines Tieres an, sondern nur darauf, daß man jedes Tier, ob groß oder klein, ausgefallen oder »gewöhnlich«, als Wesen eigener Art respektiert und liebt. Liebe kann man nicht lernen, Tierliebe auch nicht. Wer sie nicht hat oder bei Gelegenheit in sich entdeckt, sollte es beim Respekt bewenden lassen und auf die Haltung von Tieren verzichten, auch wenn ihm ein lebendiger Zimmerschmuck noch so sehr ins Auge sticht. Käfige, Aquarien oder Volieren sind, allen verführerischen Werbesprüchen zum Trotz, nicht in erster Linie dekorative Einrichtungsgegenstände, sondern zweckmäßige Unterkünfte für allerlei Getier, das sachkundig betreut und liebevoll umsorgt werden will.

Doch zum Glück ist die Tierliebe, die unerläßliche Voraussetzung jeglicher Tierhaltung, sehr weit verbreitet, so weit, daß man fast von einer angestammten Eigenschaft des Menschen sprechen könnte. Ich bin überzeugt, daß meine Leser diese schöne Eigenschaft von Haus aus mitbringen. Was sie aber vermutlich nicht besitzen (denn sonst hätten sie dieses Buch nicht gekauft), sind praktische Kenntnisse auf dem Gebiet der Tierhaltung und einen gewissen Überblick über die verschiedenen Möglichkeiten, die es hier gibt. All das aber kann man lernen, zum Beispiel aus einem Buch wie diesem, das sich bemüht, eine Reihe von »pflegeleichten« Heimtieren vorzustellen und dem interessierten Leser, besonders dem jugendlichen, ans Herz zu legen.

Auf der anderen Seite werde ich mich nicht scheuen, im folgenden von bestimmten Heimtieren abzuraten, die für den Anfänger wenig geeignet sind, obwohl sie häufig in den Zoogeschäften auftauchen. Dadurch möchte ich einesteils die betreffenden Tiere, die ja keinerlei Schuld trifft, vor Schaden, Vernachlässigung und vorzeitigem Tod bewahren und andernteils verhin-

dern, daß die Freude an der Tierhaltung durch einen Mißgriff schon im Keim erstickt wird.
Mittlerweile dürfte klargeworden sein, wie der Begriff Heimtiere hier zu verstehen ist. Heimtiere in unserem bewußt eingeengten Sinn sind ausschließlich jene kleinen bepelzten, beschuppten, gepanzerten und gefiederten Geschöpfe, die speziell zum Zweck der privaten Haltung gezüchtet bzw. in einzelnen Fällen aus dem Ausland eingeführt werden und in jeder guten Zoohandlung erhältlich sind.
Diese wohlüberlegte Definition besagt – und das ist ein sehr wichtiger Gesichtspunkt –, daß wir durch den Erwerb eines derartigen Tieres die vielfach bedrohte freilebende Tierwelt nicht schädigen. Bei den aus heimischen Zuchten stammenden Heimtieren liegt das auf der Hand, und die wenigen Importtiere gehören durchweg solchen Arten an, die in ihrer natürlichen Umwelt noch in so großer Anzahl leben, daß die »Entnahme« einzelner Exemplare den Fortbestand der jeweiligen Art nicht im mindesten gefährdet. Die engagierten Tierschutzanhänger können also die Bedenken fallenlassen, die sie möglicherweise gegen die (ordnungsgemäße) Haltung von Heimtieren gehegt haben. An dieser Stelle warte ich schon auf einen anderen Einwand, der von wohlmeinenden Tierfreunden gerne erhoben wird: Tiere »hinter Gittern« seien doch bedauernswerte Wesen, und jede Käfighaltung grenze eigentlich an Tierquälerei. Dazu muß einiges gesagt werden, denn wahrscheinlich sind auch manche angehenden Heimtierhalter von solchen Skrupeln geplagt und wissen nicht recht, ob es »moralisch« gerechtfertigt ist, ein Meerschweinchen oder einen Hamster hinter Gitter zu stecken.
Nun, das Wort »Gitter« ist ein hartes, unangenehmes Wort, aber es gehört ausschließlich der menschlichen Vorstellungswelt an. Was wir Menschen zu Recht als ein Sinnbild der Unterdrückung und Freiheitsberaubung empfinden, ist für die Tiere nichts weiter als die Begrenzung ihres vom Menschen geschaffenen Lebensraums, an die sie sich schnell gewöhnen bzw. von vornherein gewöhnt sind, weil sie oft schon seit vielen Generationen in Käfigen oder ähnlichen Behältnissen leben. Gäbe man aus falsch verstandener Tierliebe diesen gezüchteten Heimtieren die vielberufene Freiheit zurück, so müßten sie elend zugrunde

gehen. Sie sind nämlich nur noch in der Obhut des Menschen lebensfähig. Man mag das als eine Verkümmerung der natürlichen Lebensweise bedauern, aber auch das wäre wiederum eine Vermenschlichung, mit der die Tiere selber nichts anfangen könnten. Sie, die Tiere, interessieren sich nicht für abstrakte Menschenbegriffe wie Freiheit oder Gefangenschaft, sondern nur dafür, ob sie genügend Bewegungsspielraum, Nahrung, Geborgenheit und Schutz vor Feinden finden.
Aus alledem ergeben sich für den verantwortungsbewußten Tierhalter zwei wichtige Grundsätze: Er sollte erstens nur solche Tiere pflegen, die hierzulande gezüchtet wurden oder deren Einfuhr keine Schädigung der freilebenden Bestände darstellt, und er sollte sie zweitens so pflegen, daß sie sich in seiner Obhut wohl fühlen und möglichst lange leben – zur eigenen Freude und zur Freude ihres Besitzers.

Praktisches Heimtier-ABC

Bei Tieren, die sich wohl fühlen und ein hohes Alter erreichen sollen (das in der sogenannten Gefangenschaft oft weit höher liegt als in der freien Natur), gilt es manches zu beachten, worüber man schon vor der Anschaffung einigermaßen Bescheid wissen sollte, wenn man den Tieren und sich selber Enttäuschungen ersparen möchte. Ich will deshalb die wichtigsten Punkte und Probleme, die für den angehenden Tierhalter von allgemeinem Interesse sind, in einer alphabetischen Übersicht knapp zusammenfassen, bevor wir uns dann endlich den einzelnen Tieren und Tiergruppen zuwenden.

Anfassen
Wer Angst hat, ein kleines harmloses Tier anzufassen, sollte sich überlegen, ob er überhaupt zum Tierhalter taugt, denn anfassen müssen wir unsere Hausgenossen immer wieder. Für manche gesellig lebenden felltragenden Heimtiere (Kaninchen, Meerschweinchen usw.) ist das Anfassen, das Streicheln und Kuscheln, sogar fast lebensnotwendig, denn dieser unmittelbare

Kontakt mit dem Menschen ersetzt ihnen die wärmende Nähe der fehlenden Artgenossen.

Das richtige Anfassen will gelernt sein. Unsere kleinen Heimtiere, zumal die jungen, haben einen zarteren Knochenbau, als wir vermuten. Vor allem ungeschickte Kinderhände, denen noch das rechte Gefühl für die Struktur des Tierkörpers abgeht, haben schon so manchen vierbeinigen Liebling vor lauter Liebe buchstäblich zu Tode gedrückt.

Wenn man ein Tier, das noch nicht vollkommen zahm ist, greifen will, so tue man das ebenso behutsam wie entschieden, ebenso sanft wie fest. Hastige, nervöse Bewegungen vermeiden, die Hand unter freundlichem Zureden langsam dem Tier nähern, dann schnell und sicher, aber ohne großen Druck zufassen. Viele Tiere haben eine instinktive Angst vor Raubvögeln; die Hand sollte deswegen nicht wie ein Falke auf das kleine Wesen herabstoßen.

Beim Herumtragen muß der Körper des Tieres stets ausreichend gestützt werden. Eine junges Meerschweinchen kann man auf die nach oben gedrehte Handfläche, ein größeres auf den angelegten linken Arm setzen und mit der rechten Hand vor dem Hinunterfallen beschützen. Oder man umfaßt den Oberkörper mit der einen Hand und unterfängt den schweren Unterleib und die Hinterbeine mit der anderen.

Ähnlich verfährt man auch mit Zwergkaninchen. Die früher übliche Unsitte, die Tiere an den »Löffeln« hochzuheben, wollen wir ganz schnell und für immer vergessen. Allerdings schadet es einem Kaninchen nicht, wenn wir es an den Langohren ein wenig festhalten, so daß es auf einer festen Unterlage nicht davonlaufen kann.

Mäuse trägt man auf der flachen Hand und klemmt das Schwänzchen zwischen zwei Fingern ein, damit das Tier nicht entweichen kann. Mäuse an der Schwanzspitze hochzuheben ist eine Schinderei und bewirkt oft nur, daß das arme Tier vor Angst wild um sich beißt; allenfalls an der Schwanzwurzel darf man eine Maus ein bißchen festhalten.

Kleine Reptilien und Amphibien werden vorsichtig mit den Fingern gepackt, Vögel nimmt man – so selten wie möglich – in die hohle Hand, und Fische faßt man überhaupt nicht mit der bloßen Hand an, sondern fängt sie immer nur mit einem Fangnetz.

Anschaffung

Heimtiere kauft man normalerweise und am besten in einem gutgeführten zoologischen Fachgeschäft. Dort kann man das Angebot vergleichend prüfen und sich den »idealen« Hausgenossen aussuchen. Von großem Vorteil ist es außerdem, daß der Händler dem oft hilflosen Käufer gern mit seinem fachmännischen Rat zur Seite steht – nicht nur am Tag des Kaufs, sondern auch später noch, falls irgendwelche Schwierigkeiten auftauchen sollten.

Bei Fernkäufen über den Tierversandhandel (Adressen findet man in den verschiedenen einschlägigen Zeitschriften) entfällt dieser persönliche Kontakt, und die Beratung erschöpft sich zumeist in einer kurzen hektographierten Fütterungsanleitung. Dafür sind die Preise meist etwas niedriger. Das Risiko ist bei soliden Versandfirmen gering.

Als weitere und besonders empfehlenswerte »Erwerbsquelle« kommt der Züchter in Betracht. Er bietet im allgemeinen liebevoll aufgezogene und gepflegte Tiere zu günstigen Preisen an, die überdies noch nicht dem Lärm und der Unruhe eines Ladengeschäfts ausgesetzt waren. Allerdings ist die Auswahl begrenzt, da sich Züchter meist nur mit einer oder wenigen Tierarten beschäftigen.

Auch unfreiwillige oder Zufallszüchter sind nicht zu verachten. Manche kleinen Heimtiere, wie Meerschweinchen, Goldhamster oder Mäuse, vermehren sich so mühelos, daß in vielen Privathaushalten überschüssiger Nachwuchs anfällt. Solche Jungtiere werden in der Regel verschenkt oder gegen ein kleines »Futtergeld« abgegeben.

Worauf ist nun beim Erwerb eines Heimtiers zu achten? Vor allem auf zwei Dinge: Gesundheit und Jugend.

Ob ein Tier gesund ist, erkennt auch der Laie sehr schnell, wenn er es sich näher anschaut und eine Weile beobachtet. Man vergewissere sich vor dem Kauf genau, ob keine äußerlichen Defekte vorliegen (Hautschäden, verkrüppelte Gliedmaßen, fehlende Zehen, Kahlstellen im Fell usw.), ob die Augen blank, der After sauber und die Nase nicht von Ausfluß verschmiert ist. Es versteht sich, daß unser künftiger Hausgenosse gut genährt, also weder zu mager noch unmäßig dick sein soll.

Ein wichtiges Zeichen von Gesundheit ist auch das muntere Verhalten des Tiers. Aus einem Wurf wähle man stets das Tier aus, das sich am lebhaftesten und »frechsten« gebärdet. Auf keinen Fall lasse man sich durch scheinbare Zahmheit und Zutraulichkeit zum Kauf verleiten. Ein Tier, das still dahockt und der zugreifenden Hand nicht auszuweichen versucht, ist vielfach nicht zahm, sondern krank oder hinfällig – vielleicht sogar ein potentieller Todeskandidat. Wenn wir es nähmen, täten wir höchstens dem Verkäufer einen Gefallen.

Was schließlich die Jugend angeht, so müssen wir uns weitgehend auf die Aussage des Händlers oder Vorbesitzers verlassen. Der Augenschein trügt hier zuweilen. Das Tier sollte so alt sein, daß es seine Mutter nicht mehr braucht, und noch so jung, daß es sich leicht an seinen neuen Pfleger anschließt. Je älter ein Tier ist, desto schwieriger kann diese Umstellung werden (siehe auch unter »Zähmung«).

Eingewöhnung

Der Umzug eines neuerworbenen Hausgenossen aus seiner bisherigen Umgebung in unsere Wohnung und in einen neuen Käfig bedeutet für ihn eine gewaltige Umstellung, auf die er oft mit verändertem Verhalten reagiert. Er wirkt ängstlich oder verschüchtert und traut sich kaum aus seiner Ecke oder seinem Schlafkistchen heraus. Das ist ganz normal und für den noch unerfahrenen Tierhalter kein Grund zur Beunruhigung.

Man kann dem Tier die Um- und Eingewöhnung erleichtern, indem man es anfangs möglichst in Ruhe läßt und allenfalls aus einiger Entfernung beobachtet. Nichts wäre falscher, als wenn sich die ganze Familie mit gespannten Mienen und lauten Ausrufen um die Tierbehausung drängte, um auf die ersten ungezwungenen Lebensäußerungen des armen Insassen zu warten.

Nur ein Tier, das sich durch nichts bedroht fühlt, beginnt allmählich, seine neue Umwelt zu erkunden und das Futter zu probieren, das man ihm hingestellt hat. Es gibt Tiere, die den Schock der Umquartierung zunächst mit hartnäckiger Nahrungsverweigerung quittieren. Hier helfen nur Geduld und das Anbieten von besonders begehrten Leckerbissen. Sobald der heikle Hausgenosse zum erstenmal richtig frißt, ist der Bann gebrochen.

Erst wenn nach einigen Tagen die Eingewöhnungsphase beendet ist, wenn das Tier also regelmäßig Nahrung aufnimmt und sich beim Anblick seines Pflegers nicht mehr ängstlich verkriecht, kann man mit den ersten Zähmungsversuchen anfangen.

Zum Schluß ein kleiner Trost: Meerschweinchen, Goldhamster und andere weitgehend domestizierte Heimtiere machen bei der Eingewöhnung nicht soviel Schwierigkeiten.

Ernährung

Die richtige Ernährung der gängigen Heimtiere ist heute kein Problem mehr, und die schwer zu verköstigenden Nahrungsspezialisten, die auch dem fortgeschrittenen Tierhalter zuweilen Kummer bereiten können, habe ich in diesem Buch bewußt weggelassen. Die Ernährungsfrage braucht also für keinen Leser ein Grund zu sein, auf die Ausübung unseres schönsten Hobbys zu verzichten.

Für alle unsere Heimtiere sind heutzutage abgepackte Futtermischungen in den Zoohandlungen, aber auch in den meisten Kaufhäusern und Lebensmittelläden, erhältlich. Man muß nur auf die Packungsaufschrift achten, um das richtige Spezialfutter zu finden. Übrigens lohnt es sich, auch die vielfach aufgedruckten ausführlichen Anweisungen zu studieren; sie enthalten wertvolle Tips für die sachgemäße Ernährung und Pflege des jeweiligen Tiers.

In jedem Fall kann ein gutes Fertigfutter bedenkenlos als Grund- und Standardnahrung verwendet werden. Auch allerlei Leckerbissen und verschiedene Zusatz- und Aufbaustoffe gibt es neuerdings überall zu kaufen. Wer sparen muß, kann hier am ehesten sparen, denn ich habe den Eindruck, daß es die Futterfabrikanten manchmal ein bißchen übertreiben. Nicht alles, was von den Werbefachleuten mit bezwingenden Slogans angepriesen wird, ist für unsere Tiere wirklich lebensnotwendig.

Was sonst noch erforderlich ist, um den Heimtier-Speisezettel abwechslungsreich zu gestalten, liefern uns Küche, Garten und

Wiesen. Grünzeug in Form von Salat, Gemüse, Gras, Klee, Löwenzahn usw. ist leicht zu beschaffen, desgleichen Obst und Beeren aller Art. Sogar rohe Kartoffeln, trockenes Brot und allerlei Küchenabfälle sind manchen Tieren, z. B. den anspruchslosen Meerschweinchen und Kaninchen, durchaus willkommen. Wir müssen jedoch streng darauf achten, daß alles Grünzeug, das wir verfüttern, sauber, nicht angefault und »ungespritzt« ist. Kleine Tiere sind offenbar gegen Insektizide noch empfindlicher als die Menschen, die sich bereits allmählich an die allgegegenwärtigen Umweltgifte gewöhnt haben!
Welches Tier welches Futter bekommt, wird in den nachfolgenden Artbeschreibungen noch im einzelnen erläutert. Hier ging es zunächst nur darum zu zeigen, wie einfach es ist, unsere Heimtiere richtig zu ernähren.

Geschlechtsunterschiede

Bei den meisten Heimtieren ist es nicht ganz leicht, die beiden Geschlechter auseinanderzuhalten, da sich Männchen und Weibchen äußerlich nicht oder nur unwesentlich unterscheiden. Nur ein (geübter) Blick auf die Unterseite der Hinterpartie sagt uns mit einiger Zuverlässigkeit, mit wem wir es zu tun haben. Doch Vorsicht: Auch Fachleute können sich bei der Geschlechtsbestimmung zuweilen irren!
Als Faustregel sollte man sich merken:
Liegen After und Geschlechtsteile eng beieinander, haben wir im allgemeinen ein Weibchen vor uns. Liegen sie weiter auseinander, handelt es sich um ein Männchen, bei dem außerdem meist der Penis sichtbar wird, wenn wir oberhalb der Genitalpartie leicht auf die Bauchdecke des Tiers drücken. Um einigermaßen sicherzugehen, benötigt man mehrere Exemplare derselben Art als »Vergleichsmaterial«.
Wer die Absicht hat, nur ein Einzeltier zu pflegen, braucht sich normalerweise keine Gedanken über dessen Geschlecht zu machen, weil geschlechtsspezifische Unterschiede im Wesen und Verhalten der Tiere kaum ins Gewicht fallen. Wenn aber zwei oder mehrere Tiere einen Käfig bewohnen sollen, kann ihr Geschlecht unter Umständen sehr wichtig sein: Ausgewachsene Männchen geraten nämlich leicht in Streit, und Pärchen können

I. Der Syrische Goldhamster hat in den wenigen Jahrzehnten seit seiner Entdeckung die Welt der Tierfreunde im Sturm erobert. Wegen seiner Zierlichkeit und Anspruchslosigkeit zählt er heute zu den beliebtesten Heimtieren überhaupt.

II. Meerschweinchen werden schon jahrhundertelang als Haustiere gehalten. In der Obhut des Menschen haben sie viele Farbschläge und Haartrachten hervorgebracht. Das Foto zeigt eine Rosetten-Meerschweinchenmutter mit ihren Jungen, die alle unterschiedlich gefärbt sind.

uns sehr schnell mit unerwünschtem Kindersegen überraschen. Das ist vor allem bei Meerschweinchen, Mäusen und Goldhamstern zu beachten.
Fast noch wichtiger ist eine zuverlässige Geschlechtsbestimmung für den, der Nachwuchs nicht als unerfreuliche Begleiterscheinung der Heimtierhaltung betrachtet. Ich ärgere mich heute noch, daß das »garantiert echte« Wüstenrennmauspärchen, das ich erstanden habe, augenscheinlich gar kein Pärchen ist. Die kleinen Kerle, die neben meinem Schreibtisch in ihrem großen Glasbecken umhertollen, sind zwar putzmunter, aber auf die ersten goldigen Wüstenrennmausbabys warte ich immer noch vergebens ...

Gesundheitspflege

Die beste Gesundheitspflege ist in jedem Fall die Prophylaxe, die Vorbeugung. Sie besteht vor allem darin, daß unsere Heimtiere einwandfrei untergebracht und ernährt sind, vor Unterkühlung (Zugluft!) sowie Überhitzung (pralle Sonne!) geschützt und durch genügend »Ansprache« vor seelischer Verkümmerung bewahrt werden. Grundsätzlich ist jedoch festzustellen, daß die in diesem Buch genannten Tiere durch die Bank recht robust und widerstandsfähig sind. Eine übertriebene Furcht vor Krankheiten ist somit fehl am Platz.
Wenn ein Tier nun doch einmal erkrankt, was man an verschiedenen äußeren Anzeichen unschwer erkennen kann (verändertes Verhalten, struppiges Fell, laufende Nase, Freßunlust, Abmagerung usw.), sollte es sofort isoliert, mit leichtverdaulichem Futter verwöhnt (möglichst kein Grünzeug!), warm gehalten und gegebenenfalls mit Rotlicht bestrahlt werden. Das wirkt oft Wunder!
Sollten allerdings diese schlichten Hausmittel nicht anschlagen, ist ein Gang zum Tierarzt unvermeidlich, der durch eine gezielte Behandlung den Patienten in den meisten Fällen retten kann. Damit darf man nicht zu lange warten, denn ein krankes Kleintier verfällt rascher, als man glaubt.
Ein Tierarztbesuch kostet Geld – oft mehr, als man seinerzeit für das Tier ausgegeben hat. Doch wer den Wert eines Lebewesens an seinem Kaufpreis mißt, ist kein rechter Tierfreund

und sollte sich lieber ein anderes Hobby aussuchen als ausgerechnet die Heimtierhaltung!

Kindertiere

Die allermeisten Heimtiere, die in diesem Buch besprochen werden, sind für Kinder bestens geeignet. Ja, es ist vom pädagogischen Standpunkt aus durchaus erwünscht, daß Kinder früh (aber nicht allzu früh) mit Tieren umzugehen und sie selbständig zu betreuen lernen. Ein Heimtier kann einem Kind Geduld, Gewissenhaftigkeit, Verantwortungsgefühl, Beobachtungsvermögen und rücksichtsvolles Verhalten gegenüber Schwächeren (das Tier ist ja stets der schwächere Teil) auf höchst konkrete und praktische Weise beibringen.

Ein Kind sollte meines Erachtens jedoch mindestens sechs Jahre alt sein, ehe man ihm ein kleines Heimtier anvertraut. Ihm dann noch den ernstgemeinten Wunsch nach dem »eigenen« Tier abzuschlagen wäre beinahe gleichbedeutend mit seelischer Grausamkeit. Wir Erwachsenen machen uns oft keine rechte Vorstellung von der Intensität des kindlichen Verlangens nach einem Tier, und wer die beharrlich vorgetragenen Bitten seines Kindes geflissentlich überhört oder aus Bequemlichkeit leichtfertig abtut, richtet mehr seelischen Schaden an, als das reizendste Meerschweinchen wiedergutzumachen imstande ist.

Natürlich darf man den jugendlichen Tierhalter nicht überfordern. Er braucht eine gewisse Anleitung und eine kindgerechte Aufklärung über das Wesen und die Lebensbedingungen des jeweiligen Tiers. Man muß ihm vor allen Dingen klarmachen, daß ein Tier kein lebloses Spielzeug ist und nicht als solches behandelt werden darf. Kinder gehen mit Tieren zuweilen ohne böse Absicht ziemlich roh um, weil sie deren »Strapazierfähigkeit« und Bedürfnisse noch nicht richtig einzuschätzen vermögen, und sie neigen dazu, ihren tierischen Spielgefährten an einem Tage maßlos zu verhätscheln und am nächsten völlig zu vernachlässigen. Da bleibt den Eltern nichts anderes übrig, als hin und wieder – aber nicht zu oft! – die Säuberung des Käfigs oder die Fütterung selber zu übernehmen.

Ideale Kindertiere für die erste Phase sind, wie bereits angedeutet, die Meerschweinchen, aber auch die Zwergkaninchen und eventuell die Schildkröten (das Wörtchen »eventuell« hat seinen guten Grund, den wir später erfahren werden). Goldhamster, Streifenhörnchen oder Mäuse kommen eher für etwas ältere Kinder in Frage. Auch bei einem Goldfisch oder Kanarienvogel oder Fröschen kann kaum etwas schiefgehen. Nur haben diese Tiere den Nachteil (der freilich aus ihrer eigenen Sicht ein Vorteil sein dürfte), daß man mit ihnen nicht spielen und schmusen kann. Kinder aber wünschen sich erfahrungsgemäß zu allererst ein richtiges Kuschel- und Streicheltier mit weichem Pelz und von sanfter, ruhiger Wesensart.

Nachwuchs

Heimtiernachwuchs ist etwas Wunderschönes, kann aber manchmal auch zu einem Problem werden. Viele altbewährten Heimtiere, allen voran die Meerschweinchen, Mäuse und Goldhamster, pflanzen sich ohne unser Zutun und oft gegen unseren Willen mühelos fort. Aus einem einzigen Mäusepärchen können in ein paar Monaten leicht einige Dutzend Mäuse werden, und wenn man nicht aufpaßt und der uferlosen Vermehrung nicht Einhalt gebietet, ist nach einem Jahr die gesamte Wohnung von Mäuslein überschwemmt – vom dabei anfallenden Geruch oder vielmehr Gestank ganz zu schweigen!

Derart vermehrungsfreudige Tiere hält ein kluger Mensch nur einzeln oder in gleichgeschlechtlichen Paaren, wobei das Paar am besten aus zwei Weibchen besteht, die nicht so streitsüchtig wie die Männchen sind. Es sei denn, man kennt einen Tierhändler, der junge Mäuse, Meerschweinchen oder Goldhamster en gros – und womöglich noch gegen gutes Geld – abnimmt. Doch dieser Glücksfall ist so rar wie ein Fünfer im Lotto. Und auch die Zahl der Nachbarskinder und Schulfreunde, die sich gern ein Tier schenken lassen, ist leider meist begrenzt.

Wer also ein Pärchen einer notorisch fortpflanzungsfreudigen Art erwerben will, muß sich vorher gründlich die Frage überlegen: Wohin mit dem Nachwuchs? Einmal die Geburt und Aufzucht von niedlichen Tierkindern zu beobachten, ist für jeden Tierfreund, ob jung oder alt, ein großes Erlebnis – doch beim zweiten- oder drittenmal sieht die Sache schon ganz anders aus.

Hier hilft nur eins: strikte Trennung der Geschlechter. Alles andere artet am Ende in Tier- und Menschenquälerei aus.
Auf der anderen Seite stehen jene Heimtiere, deren Zucht selbst für den erfahrenen Tierhalter schwierig ist. Wenn man Schildkröten und andere Reptilien zur Fortpflanzung bringen will, muß man schon die Hohe Schule der Tierpflege beherrschen und den Tieren außerdem ideale Lebensbedingungen bieten. Auch Streifenhörnchen oder Rennmäuse machen es uns nicht gerade leicht. Wer von solchen Arten Nachwuchs erzielt, darf sich zu seiner glücklichen Hand gratulieren und braucht sich im allgemeinen auch keine Sorgen um die Unterbringung der Jungen zu machen. Die meisten Zoogeschäfte nehmen sie ihm gern ab.
Hier ist die Grenze erreicht, wo die Zucht von Heimtieren professionell zu werden beginnt. Es gibt viele Tierhalter, die aus ihrer Liebhaberei einen Neben- oder gar Hauptverdienst gemacht haben – wo kämen sonst die zahllosen Tiere her, die uns als Hausgenossen das Leben verschönern? Aber die berufsmäßig ausgeübte Kleintierzucht steht auf einem anderen Blatt und gehört nicht mehr in dieses Buch.

Preise

Alle in diesem Buch empfohlenen Tiere sind preislich so günstig, daß sich normalerweise keine finanziellen Probleme aus der Anschaffung ergeben können.
Es ist jedoch zu bedenken, daß es mit den einmaligen »Gestehungskosten« für das Tier nicht getan ist. Der Käfig, der gleichzeitig mit dem neuen Hausgenossen erstanden werden muß, kostet oft weit mehr als der Insasse selbst. Diese zusätzlichen Ausgaben kann ein leidlich geschickter Heimwerker freilich reduzieren, wenn er selber zu Hammer und Säge greift. Das dazu erforderliche »Baumaterial« ist in jedem Bastelladen für ein paar Mark zu haben (Näheres siehe unter »Unterbringung«).
Hinzu kommen schließlich noch die laufenden Unterhaltskosten (Futter, Einstreu, Tierarzt usw.). Sie sind je nach Tierart verschieden, doch für gewöhnlich so gring, daß sie unseren Monatsetat nur unmerklich belasten.
In dieser Meinung lasse ich mich auch nicht durch den »Zoologi-

schen Zentralanzeiger« beirren, der vor einiger Zeit einmal eine Aufstellung über die Pflegekosten für die verschiedenen Heimtiere veröffentlicht hat. Dabei kamen erstaunliche Tagessätze heraus, die zudem noch als »Mindestunkosten« ausgegeben wurden: Meerschweinchen DM 1,50 bis 2,–, Zwergkaninchen DM 1,55 bis 2,–, Wellensittich DM 1,– bis 1,50, Schildkröte DM –,50. Ich weiß nicht, wie diese geradezu abschreckenden Zahlen zustande gekommen sind, aber ich halte sie, mit Verlaub, für maßlos übertrieben. Es will mir nicht einleuchten, daß ein einzelnes Meerschweinchen im Monat Futter für 45 bis 60 Mark verdrücken soll, sofern man es nicht mit teuren (und sicherlich teilweise unbekömmlichen) Delikatessen aus dem Feinkostgeschäft mästet. Meine Tiere kommen jedenfalls mit weit weniger aus, und ich habe nicht das Gefühl, daß sie an Unterernährung leiden.

Rechtliches

Tiere gelten in unserem Recht merkwürdigerweise als Sachen, und für alles, was diese »Sachen« anstellen, ist der jeweilige Besitzer verantwortlich und haftbar. Zum Glück sind unsere Heimtiere allesamt so klein und harmlos, daß sie kaum etwas Ernsthaftes anzustellen vermögen. Sie können allenfalls in einer modernen Neubausiedlung durch Lärm oder Geruch den Mitmenschen lästig werden. Meerschweinchen zum Beispiel haben ein recht kräftiges Organ, und wenn mehrere Tiere auf dem Balkon oder im Garten ihr monotones Pfeifkonzert anstimmen, kann das von den Nachbarn, die gleich nebenan ihr Sonnenbad nehmen, schon einmal als störend empfunden werden. Wer in einer kleinen Mietswohnung Mäuse im großen Stil züchtet, muß damit rechnen, daß die Mitbewohner die Nase rümpfen oder gar mit juristischen »Weiterungen« drohen. Aber in derlei Schwierigkeiten wird ein vernünftiger Heimtierhalter, der seine Liebhaberei mit Maß und Ziel betreibt, sicherlich kaum jemals geraten.

Gegen eine solche vernünftige Heimtierhaltung wird auch kein Hausbesitzer etwas einzuwenden haben. Selbst da, wo laut Mietvertrag die Haltung von Haustieren (gemeint sind damit

üblicherweise Hunde und Katzen) untersagt ist, kann man unbedenklich einen Goldhamster oder eine Schildkröte halten oder ein normales Aquarium aufstellen.
Als Tierhalter können wir allerdings auch noch mit anderen Rechtsnormen in Konflikt geraten, nämlich mit dem Tierschutzgesetz, das tierische Mitgeschöpfe vor Quälerei und Mißbrauch bewahren soll. Wer das befolgt, was in diesem Buch steht, braucht die Paragraphen bestimmt nicht zu fürchten. Denn erstens empfehle ich nur solche Hausgenossen, die in ihrem Herkunftsland nicht zur Gruppe der »geschützten Tiere« zählen, und zweitens schließen die hier beschriebenen Haltungsmethoden eine strafbare Tierquälerei mit Sicherheit aus.

Unterbringung

Die Wahl der richtigen Unterkunft für Heimtiere ist der erste Schritt zum Erfolg. Die Form und Größe einer Tierbehausung richten sich nach den Lebensgewohnheiten und den Körpermaßen der jeweiligen Art. Drei Grundregeln gelten jedoch für alle Tierkäfige und -behältnisse:

1. Klare, geometrische Formen sind allen verschnörkelten oder kunstgewerblich »gestalteten« Gebilden vorzuziehen – nicht nur des Preises wegen. Ein kastenförmiger Käfig mit rechten Winkeln und rechteckigen Begrenzungsflächen paßt zu jeder Wohnungseinrichtung, bringt die Insassen am besten zur Geltung und läßt sich mit wenigen Handgriffen säubern. Ob der Käfig besser ein Hoch- oder ein Querformat aufweist, bestimmen die künftigen Bewohner: Kletterfreudige Tiere wünschen sich ein möglichst hohes Haus, bodenbewohnende eine möglichst große Grundfläche.
2. Eine Tierwohnung ist nie zu groß, wohl aber oftmals zu klein. Für bewegungslustige Tiere (z. B. Streifenhörnchen) sollte man stets den geräumigsten Käfig wählen, den man auftreiben kann. Die Tiere danken es uns durch stete Gesundheit und durch die volle Entfaltung ihres possierlichen Temperaments.
3. Das Material soll haltbar und für die Insassen unschädlich sein. Nichtrostendes Metall, Kunststoff und Glas werden des-

halb von den Tierhausarchitekten mit Recht am häufigsten verwendet. Der schöne alte Werkstoff Holz ist heutzutage – wohl aus Kostengründen – etwas aus der Mode gekommen, aber in vielen Fällen durchaus brauchbar. Für stark nagende Tiere (z. B. Goldhamster) eignet sich selbstverständlich nur hartes Holz.

Weitere Ratschläge für die Wahl des jeweils richtigen Käfigs und für dessen Einrichtung gebe ich in den nachfolgenden Artbeschreibungen. Hier möchte ich nur noch mit Nachdruck auf die Möglichkeit hinweisen, daß man für die meisten kleinen Heimtiere hübsche Eigenheime selber basteln kann.

So sieht mein Vorschlag für ein Grundmodell aus, das jeder nach dem vorhandenen Platz und ästhetischen Gesichtspunkten individuell abwandeln kann:

Aus ca. 10 mm starken (Sperrholz-)Brettern oder Spanplatten zimmert man zunächst einen vorne offenen Kasten, dessen Größe und Format von den vorgesehenen Bewohnern abhängen. Alle Holzteile schneidet man selber zu oder läßt sie sich, wenn das entsprechende Werkzeug oder die notwendigen handwerklichen Fähigkeiten fehlen, nach einer exakten Skizze in einem Do-it-yourself-Laden zuschneiden. Die Öffnung des Kastens wird mit einem abnehmbaren oder durch Scharniere befestigten Rahmen aus Leisten verschlossen, der mit einem kräftigen rostfreien Drahtgeflecht bespannt ist. Unten bleibt ein schmaler Streifen (ca. 5 cm) für die Schublade frei, die eine mühelose Reinigung des Käfigs ermöglicht. Diesen Schub lassen wir uns genau nach Maß von einem Klempner aus Zinkblech herstellen. Wer die Unkosten scheut, kann sich auch mit einem selbstgefertigten flachen Holzkasten begnügen, auf dessen Boden man eine genau passende Kunststoffplatte aufleimt, damit das Ganze wasser- bzw. urindicht wird. Sämtliche Holzteile werden mit einer (giftfreien) Farbe mehrere Male sorgfältig gestrichen, bis alle Ritzen und Spalten geschlossen sind. Am schönsten und freundlichsten wirken helle Töne (Grün oder Gelb). Die Malerarbeiten kann man sich sparen, wenn man den Kasten von vorneherein aus beiderseits kunststoffbeschichteten Platten zusammenbaut. Dieses Material ist auch für die emsigsten Nagezähne praktisch unangreifbar. Für solche Tiere empfiehlt sich ohnehin die Verwendung von solidem Hartholz. Wie das fertige Werk unserer Hände ungefähr aussehen soll, zeigt diese Zeichnung:

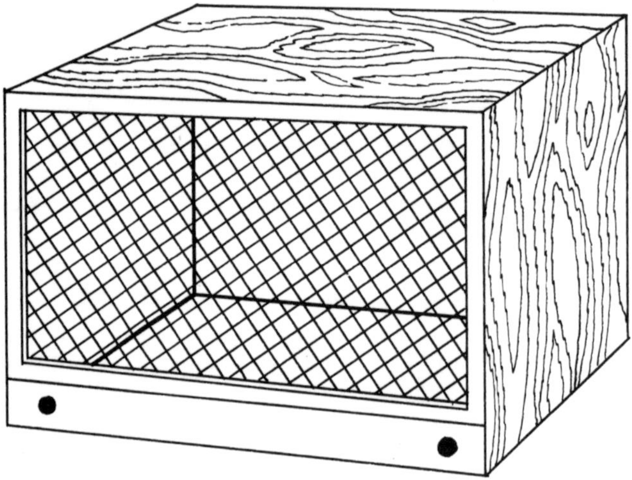

Urlaub

Wohin mit den Tieren im Urlaub? Diese Frage beunruhigt alljährlich viele tierfreundliche Familien vor den großen Ferien. Die Sorge um das Wohlbefinden der geliebten Hausgenossen kann zuweilen so weit gehen, daß die Familie gänzlich auf ihre wohlverdiente Urlaubsreise verzichtet.

Das ist zweifellos nicht im Sinne des Erfinders der Heimtierhaltung. Es müßte in jedem Fall eine akzeptable Lösung für dieses Problem geben. Wer keine Verwandten, Freunde, Bekannten oder Nachbarn hat, die das verwaiste Tier vorübergehend zu betreuen bereit sind und auch keine Zoohandlung kennt, die es (gegen eine mäßige Pflegegebühr) in Pension nimmt, der muß sich notgedrungen die Haltung bestimmter Arten versagen. Diesen wichtigen Punkt sollte man freilich schon bei der Anschaffung bedenken, nicht erst eine Woche vor den großen Ferien. Ganz falsch wäre es, ein Heimtier kurzerhand auszusetzen und sich selber zu überlassen. Das hätte, wie gesagt, für das arme Wesen fatale Folgen.

Die erste und sicherlich beste Lösung habe ich bereits angedeutet: Man gibt das Tier bei (tierlieben) Menschen in Pflege. Wenn man es mitsamt seinem Käfig, einer großen Packung Streu und einer reichlich bemessenen Portion des gewohnten Futters sowie einem Zettel mit den wesentlichsten Pflegeanweisungen am Tag vor der Urlaubsreise hinschafft, dürfte eigentlich nichts passieren, auch wenn der Pensionswirt noch keinerlei Erfahrung im Umgang mit Tieren hat. Er wird sie jetzt bekommen und bei unserer Rückkehr aus den Ferien vielleicht selber schon stolzer Besitzer eines Streifenhörnchens oder einer Rennmaus sein!

Eine zweite Möglichkeit besteht darin, daß man den Käfig einfach in den Urlaub mitnimmt, sofern er noch Platz im überladenen Ferienauto findet. Den Kindern gefällt es bestimmt, wenn sie ihren kleinen Spielgefährten auch in den Ferien bei sich haben können. Der Käfig gehört selbstverständlich nicht in den Kofferraum und auch nicht auf die Ablage vor der Heckscheibe, weil dort im Sommer die Hitze zu groß wird, sondern nach Möglichkeit auf den Schoß eines Mitreisenden. Der kann dann das reiseungewohnte Tier ständig im Auge behalten und merkt sofort, wenn ihm etwas fehlt, frische Luft zum Beispiel oder eine kleine Abkühlung.

Die letzte Möglichkeit ist die simpelste: Das Tier bleibt allein zu Hause. Das geht allerdings nur bei sehr wenigen Heimtieren. Fische, Amphibien und Reptilien kann man schon einmal eine oder gar zwei Wochen allein lassen, wenn sie vorher gut gefüttert worden sind und von einem kleinen Futtervorrat zehren können. Auch bei Wüstenrennmäusen und verwandten Tieren, die ohne Trinkwasser auskommen, ebenso bei Meerschweinchen, die auf dem Rasen hinter dem Haus einen geräumigen, wettergeschützten Auslauf haben, ist das Risiko nicht allzu groß. Aber es wäre doch gut, wenn ein Nachbar oder Nachbarskind zwischendurch einmal vorbeischauen könnte, um zu prüfen, ob alles in Ordnung ist. Nicht länger als zwei oder drei Tage darf man all jene Tiere allein lassen, für die frisches Trinkwasser und Futter lebensnotwendig sind. Eine Wochenendfahrt ins Grüne ist also ohne große Umstände möglich, zumal wenn der Käfig mit einem Trink- und Futterautomaten ausgestattet ist.

Wissenschaftliche Namen

Alle Tiere, die auf unserer Erde leben, tragen wissenschaftliche (lateinische) Namen, die international genormt sind. Diese Form der Benennung geht auf den Schweden Carl von Linné zurück, der im 18. Jahrhundert die gesamte Natur in ein sinnvolles System brachte, das in seinen Grundzügen bis heute gültig geblieben ist.

Jede Tierart – die Art oder Spezies ist die wichtigste Grundeinheit alles Lebendigen – wird mit einem Doppelnamen bezeichnet. Ein Beispiel: *Passer domesticus* ist der wissenschaftliche Name unserer allbekannten Haussperlinge oder Spatzen, die zoologisch alle einer einzigen Art angehören. *Passer* (= Sperling) gibt die Gattung an, das Eigenschaftswort *domesticus* (= zum Haus gehörig) die Art. Der Spatz trägt in den vielen Ländern, in denen er vorkommt, eine verwirrende Fülle von volkstümlichen Populär- oder Trivialnamen, die oft sogar von einem Landstrich zum andern verschieden sind, aber seine wissenschaftliche Benennung *Passer domesticus* wird von allen Menschen, die zoologisch ein bißchen beschlagen sind, auf Anhieb verstanden. Die wissenschaftlichen Namen haben noch einen weiteren Vorteil: An ihnen kann man die verwandtschaftlichen Beziehungen der Tiere viel leichter ablesen als an den volkstümlichen Namen, die sich um die Stellung der einzelnen Arten innerhalb des Linnéschen Systems nur wenig kümmern.

Wir wollen das Spiel mit den wissenschaftlichen Namen hier nicht übertreiben, können sie aber nicht völlig entbehren, wenn es darum geht, ein Tier so exakt zu beschreiben, daß jede Verwechslung mit einem verwandten oder sehr ähnlich aussehenden Tier ausgeschlossen wird.

Zähmung

Ein Tier, das mit uns zusammen lebt, sollte mehr oder weniger zahm sein, denn sonst macht es nur halb soviel Spaß. Zumal Kinder können mit einem unzahmen Tier, das unablässig in seinem Käfig umhertobt oder sich scheu verkriecht und in jeden hineingesteckten Finger beißt, nur wenig anfangen und verlieren sehr bald die Lust an der Tierhaltung überhaupt.

Glücklicherweise sind viele Heimtiere schon von vornherein relativ zahm, weil sie in der Obhut von Menschen aufgewachsen sind und ihr Geschlecht oft schon seit Generationen in »Gefangenschaft« lebt. Das gilt in jedem Fall für die drei beliebtesten Anfängertiere, das Meerschweinchen, den Goldhamster und das Zwergkaninchen. Auch die Schildkröten darf man getrost dazurechnen; sie sind zwar nicht eigentlich zahm, aber so geduldig und friedfertig, daß das sachlich durchaus berechtigte Etikett »wild« geradezu komisch wirkt.

Bei anderen Arten sollte man, wenn man besonderen Wert auf Zahmheit bzw. leichte Zähmbarkeit legt, bereits beim Kauf darauf achten, daß man ein hierzulande gezüchtetes Jungtier bekommt, auch wenn der Preis ein wenig höher ist. Solche Tiere sind in frühester Kindheit bis zu einem gewissen Grade auf den Menschen »geprägt« worden und außerdem noch so jung, daß sie sich leicht an ihren neuen Halter anpassen und anschließen. Schwerer ist hingegen die Zähmung von jugendlichen Wildfängen, und am schwersten ist sie bei ausgewachsenen Wildfängen. Für den, der es noch nicht weiß: Als Wildfänge bezeichnet man all jene Tiere, die in der freien Natur eingefangen worden sind. Es gibt leider kein unfehlbares Rezept für die Zähmung von Tieren, wohl aber einige vielfach erprobte Regeln, die bei hinreichender Geduld und Ausdauer in den meisten Fällen zum Erfolg führen:

1. Das zu zähmende Tier sollte möglichst jung sein.

2. Den neuerworbenen Hausgenossen in der ersten Zeit in Ruhe lassen, vor allem, wenn es sich um einen Wildfang handelt.

3. Die Fütterung und sonstigen Verrichtungen in und am Käfig zumindest am Anfang immer selber vornehmen, damit sich das Tier an seinen Pfleger besser gewöhnen kann und nicht durch ständig auftauchende fremde Gesichter irritiert wird.

4. Den Käfig ungefähr in Kopfhöhe aufstellen oder sich beim Nähertreten etwas bücken, damit die angeborene Angst des kleinen Tiers vor dem überdimensionalen Zweibeiner allmählich schwindet.

5. Hastige Bewegungen und laute Geräusche sind zu vermeiden. Nie schimpfen, fluchen oder gar schlagen!

6. Das Tier so oft wie möglich besuchen und sich jeweils eine Zeitlang bei ihm aufhalten. Dabei immer wieder mit leiser,

freundlicher Stimme mit ihm reden. Es versteht zwar keine Sprache, spürt aber instinktiv, daß wir es gut mit ihm meinen.
7. Nach der Eingewöhnungsphase bald damit beginnen, das Tier aus der Hand zu füttern, zuerst durch das Gitter und dann im Käfig. Selbstverständlich nimmt man dazu besonders begehrte Leckerbissen, denen unser Freund auf die Dauer nicht widerstehen kann. Es kann sehr lange währen, bis dieser Versuch gelingt und das Tier somit »handzahm« wird.
8. Den handzahmen Hausgenossen von Mal zu Mal mehr an die futterspendende Hand gewöhnen, bis er eines Tages ohne Scheu auf sie steigt und sich anfassen und streicheln läßt.
Und nun viel Erfolg bei »der Widerspenstigen Zähmung«!

Zoonosen

Das Wort stammt wie viele wissenschaftliche Fachausdrücke aus dem Griechischen: »Zoon« bezeichnet bekanntlich das Tier oder Lebewesen, und »nosos« die Krankheit. Beides zusammen ergibt demnach die »Tierkrankheit« oder vielmehr die »Lebewesenkrankheit«, denn man verwendet den Begriff in der Regel für solche Krankheiten, die nicht nur Tiere, sondern allgemein lebende Wesen, einschließlich des Menschen, befallen und vom Tier auf uns Menschen übertragen werden können – und umgekehrt.
Das krasseste Beispiel ist die Tollwut, die wir meist nur mit Hunden und Füchsen in Verbindung bringen. Doch diese schlimme und beim Menschen zuweilen tödlich verlaufende Krankheit kann auch bei Meerschweinchen, Kaninchen und manchen anderen Tieren auftreten. Das kommt freilich so außerordentlich selten vor, daß wir deswegen nicht in Panik zu geraten brauchen.
Ähnliches gilt für einige andere Zoonosen (Salmonellen, Toxoplasmose, Hasenpest, Leptospirose usw.), die bei sachgemäßer Tierhaltung eher eine theoretische als praktische Gefahr für den Menschen darstellen.
Wie kann man sich nun für alle Fälle vor solchen Krankheiten schützen? Dafür gibt es ein paar einfache Verhaltensregeln, die sich ohnehin fast von selbst verstehen sollten:

1. Nur gesunde Tiere einwandfreier Herkunft erwerben.
2. Nur gutes und abwechslungsreiches Futter verwenden.
3. Auf Hygiene und Sauberkeit achten. Käfig in regelmäßigen Abständen gründlich reinigen (möglichst mit Wasser und Seife) und hin und wieder desinfizieren.
4. Allzu direkten Kontakt mit den Tieren vermeiden. Auf »Küßchengeben«, Füttern mit dem Mund und ähnliche intime Liebesbezeigungen verzichten. Das sollte man vor allem jugendlichen Tierhaltern einschärfen. Doch übertriebene Furcht ist auch hier unangebracht. Ein Kind, das seinem vielgeliebten Meerschweinchen ein Busserl gibt, wird nicht gleich krank werden!
5. Tiere gehören nicht ins Bett, auch wenn das gerade Kindern riesigen Spaß zu machen scheint. Ein Zimmer, in dem ein Kleinkind schläft, ist als Daueraufenthalt für Käfige denkbar schlecht geeignet. Aber ein hübsches kleines Aquarium mit einem munteren Goldfisch ist selbstverständlich erlaubt.
6. Nach jeder Beschäftigung mit Tieren Händewaschen nicht vergessen! Das ist – zumal bei Kindern – erfahrungsgemäß eine nahezu utopische Forderung, aber vielleicht läßt sie sich doch durchsetzen.
7. Bei einer auffälligen Verhaltensstörung des Tiers (wenn beispielsweise ein völlig zahmes Meerschweinchen plötzlich bissig wird) sofort den Tierarzt konsultieren.
8. Wenn man selber an einer unerklärlichen Krankheit leidet, deren Symptome der Arzt nicht recht zu deuten weiß, sollte man freimütig gestehen, daß man zu Hause Tiere pflegt. Das kann unter Umständen die Diagnose erleichtern.
9. Wer mit Wildfängen oder als beißlustig erkannten Tieren umgeht, darf eine etwaige Bißwunde nicht auf die leichte Schulter nehmen. Das ist mir selber erst richtig klargeworden, als ich vor Jahren einmal »von einem wilden Affen gebissen« wurde (in Wirklichkeit war es ein winziges Krallenäffchen) und hinterher mit einer beginnenden Blutvergiftung die Unfallstation des nächsten Krankenhauses aufsuchen mußte! Eine vorsorgliche Tetanusspritze ist für einen zünftigen Tierhalter kein Luxus.

Wer sich an diese neun Gebote hält, braucht sich wirklich keine

Sorgen zu machen. Die Tierhaltung ist jedenfalls weit ungefährlicher als Autofahren!
Auf einen Sonderfall muß ich jedoch hier noch etwas näher eingehen, weil er vor einigen Jahren Schlagzeilen gemacht und viele Tierfreunde verunsichert hat. Man erinnere sich: Dem Goldhamster wurde amtlicherseits, nämlich vom Bundesgesundheitsministerium, nachgesagt, er könne ein Virus übertragen, das eine Hirnhautentzündung hervorrufe. Besonders gefährdet seien angeblich schwangere Frauen; eine Infektion könne, so hieß es, bei ihrem Baby zu Mißbildungen führen.
Inzwischen ist ziemlich viel Gras über diese Geschichte gewachsen, und von ernsthaften Erkrankungen habe ich nie etwas gehört oder gelesen. Aber wir wollen den offenbar wissenschaftlich begründeten Verdacht trotzdem nicht von der Hand weisen. Die Vorsorgemaßnahmen sind in diesem Fall glücklicherweise einfach: Da man den Krankheitserreger nur bei Goldhamstern in den ersten drei bis vier Lebensmonaten nachgewiesen hat, sollte ein ganz vorsichtiger Mensch nur Tiere erstehen, die mindestens drei Monate alt sind. Aber auch bei jüngeren Tieren ist ein Risiko mit an Sicherheit grenzender Wahrscheinlichkeit ausgeschlossen, wenn man seine Goldhamster aus einer einwandfrei geführten Zucht erwirbt. Das trifft praktisch auf sämtliche Hamster zu, die in unseren Zoogeschäften angeboten werden.

Die beliebtesten Heimtiere

Goldhamster

Goldhamster sind ideale Hausgenossen, insbesondere für jeden, der zum erstenmal sein Glück mit einem Heimtier versuchen will. Sie sind, um nur ihre wichtigsten guten Eigenschaften aufzuzählen, leicht unterzubringen und zu beköstigen, robust und zugleich harmlos, anspruchslos und possierlich; sie beanspruchen wenig Platz und beleidigen auch eine empfindliche Nase nicht durch unangenehmen Geruch. Darüber hinaus sind sie überall und jederzeit für ein paar Mark zu haben, sofern man sie nicht gleich ganz umsonst geschenkt bekommt.
Bei soviel Licht muß es doch auch ein wenig Schatten geben, wird hier der Skeptiker einwenden. Richtig – denn niemand ist vollkommen, nicht einmal der Goldhamster. Er hat zumindest vier Eigenschaften, die man aus der Sicht des Heimtierhalters als negativ empfinden könnte und deshalb vor der Anschaffung bedenken sollte:
1. Goldhamster sind ausgesprochen nagefreudige Tierchen. Es ist erwiesen, daß ein solcher Nagerzwerg in einer einzigen Nacht ein 2 cm dickes Brett durchnagen kann. Dagegen hilft nur eines: ein stabiler Käfig. Denn ein aus einem allzu leicht gebauten Gehäuse entwichener Hamster setzt seine Nagetätigkeit gern an edleren Materialien fort, etwa an Büchern, Polstermöbeln und Vorhängen. Außerdem ist es kein reines Vergnügen, einen solchen Ausreißer wieder einzufangen. Das bringt viel Ärger, Schweiß und Möbelrücken mit sich und führt oft erst nach Tagen zum Erfolg, wenn bereits die gesamte Zimmereinrichtung Spuren der eifrigen Nagezähne aufweist!

2. Goldhamster sind vorwiegend dämmerungs- und nachtaktive Lebewesen, das heißt, sie werden erst gegen Abend richtig munter und toben dann meist die ganze Nacht geräuschvoll in ihrem Käfig umher, was unter Umständen sogar im Nebenzimmer deutlich zu vernehmen ist und einen Schlafsuchenden um die Nachtruhe bringen kann. Andererseits hat die nächtliche Lebensweise der Tiere auch ihr Gutes: Der Goldhamster eignet sich besonders gut für erwachsene Tierfreunde, die tagsüber außer Haus sind und sich erst abends mit ihrem kleinen Hausfreund beschäftigen können, und Kinder werden während der Hausaufgabenzeit nicht so sehr durch die Kapriolen ihres vierbeinigen Lieblings abgelenkt. Das heißt freilich nicht, daß unser Goldhamster tagsüber überhaupt nicht ansprechbar wäre. Er verschläft zwar die meiste Zeit, nimmt es aber nicht übel, wenn wir ihn behutsam wecken, um mit ihm zu spielen oder ihm ein paar Leckerbissen zuzustecken. Doch im allgemeinen sollte man nicht versuchen, diese Nachtschwärmer auf »Tagbetrieb« umzustellen; das geht ihnen gegen die Natur und verkürzt ihr Leben.
3. Goldhamster leben im Vergleich zu den meisten anderen Heimtieren nicht sehr lange. Ihr Durchschnittsalter beträgt nur etwa zwei Jahre, und von dieser Zeit gehen noch einige Monate ab, wenn man aus Angst vor einer möglichen Infektion (s. Seite 28) ein nicht mehr ganz junges Tier erwirbt.
4. Goldhamster, paarweise gehalten, vermehren sich schneller, als es den meisten von uns lieb ist. Die kurzlebigen Tiere sind schon nach wenigen Wochen geschlechtsreif und somit fortpflanzungsfähig, und ein einziger Wurf kann mehr als zehn Junge umfassen. Bei mehreren Würfen pro Jahr kann man sich leicht ausrechnen, wie viele Goldhamster aus einem einzigen Elternpaar hervorgehen können, selbst wenn man die Enkel und Urenkel nicht mitzählt! Wie man sich vor unerwünschtem Nachwuchs retten kann, steht auf Seite 19.

Ich habe die »Untugenden« des Goldhamsters breiter dargestellt als seine »Tugenden«, weil sie oft Probleme schaffen – kleine Probleme –, während wir die positiven Eigenschaften gern und als selbstverständlich hinnehmen. Doch damit kein falscher Eindruck entsteht: Der Goldhamster ist und bleibt ein kleines »Ka-

III. Die Zwergkaninchen sind eine verhältnismäßig junge Züchtung, haben sich aber inzwischen überall als Heimtiere durchgesetzt. Sie sind zahme, friedfertige und genügsame Hausgenossen, die vor allem den Kindern viel Freude machen.

IV. Die Streifenhörnchen sind in der letzten Zeit immer beliebter geworden, denn ihrem anmutigen und lebhaften Wesen kann kaum jemand widerstehen. Die bewegungsfreudigen Tiere benötigen allerdings einen geräumigen Käfig, wenn sie ihr Temperament voll entfalten sollen.

binettstück« der Natur, ein ideales Heimtier für jung und alt, für Anfänger und Fortgeschrittene. Ein Glück, daß er vor gar nicht allzu langer Zeit durch blinden Zufall für die Heimtierhaltung entdeckt wurde – doch das ist eine Geschichte für sich, die ich etwas ausführlicher erzählen muß.

Die Entdeckung des Goldhamsters

Die Goldhamster sind uns allen, zumal den Kindern, so lieb und vertraut, daß wir uns kaum vorstellen können, wie unsere Eltern noch ohne diese reizenden Tiere auskommen konnten. Die Anfänge der Goldhamster-Entdeckungsgeschichte reichen allerdings in das Jahr 1893 zurück. Damals erfuhren die Wissenschaftler zum erstenmal, daß es ein solches Tier gibt, und zwar aufgrund eines einzigen Goldhamsterfellchens, das als zoologische Kostbarkeit ins Britische Museum gelangte. Die Fachleute tauften das dazugehörige Lebewesen in Abwesenheit auf den Namen *Cricetus auratus,* was soviel heißt wie »goldener Hamster«.

Doch es dauerte noch einmal fast vier Jahrzehnte, bis die Zoologen diesen goldenen Hamster erstmals lebend zu Gesicht bekamen. 1930 unternahm Professor Aharoni von der Universität Jerusalem mit ein paar Studenten eine Exkursion in die Syrische Wüste. Sie hatten sicherlich nicht die Absicht, dort den Goldhamster zu suchen, aber sie fanden ihn trotzdem. Als sie eines Tages ein wenig im Wüstenboden bei Aleppo herumbuddelten, stießen sie zu ihrem großen Erstaunen auf eine Goldhamsterfamilie, die aus einem Muttertier und mehreren Jungen bestand (der Vater war abwesend, weil in Hamsterkreisen die Jungenaufzucht allein der Mutter überlassen bleibt).

Von dieser »Urfamilie« stammen sämtliche Goldhamster ab, die als Heimtiere (und Labortiere) heute über die ganze Welt verbreitet sind. Die kleinen Nager erhielten übrigens anläßlich ihrer endgültigen Entdeckung auch neue, exaktere Namen: Wissenschaftlich bezeichnet man sie seither als *Mesocricetus auratus* (»goldener Mittelhamster« – wegen ihrer Mittelstellung zwischen dem größeren Feldhamster und den Zwerghamstern) und auf deutsch als Syrischer Goldhamster (wegen ihres Fundorts in der

Syrischen Wüste). Auf mancherlei Umwegen über Amerika und England kamen die Goldhamster erst nach 1945 zu uns.

Der Goldhamster als Hausgenosse

Seit wenigen Jahrzehnten also leben die Goldhamster in großer Zahl unter uns, und ihre weite Verbreitung und große Beliebtheit sind sicherlich der beste Beweis für ihre hervorragenden Heimtierqualitäten. Millionen Goldhamsterfreunde können nicht irren! Dennoch erlebe ich zuweilen, daß Leute vor dem Schaufenster eines Zoogeschäfts stehen und lautstark darüber diskutieren, ob die ausgestellten Goldhamster nun Meerschweinchen oder Mäuse seien. Für alle, die noch keine nähere Bekanntschaft mit den kleinen Tieren gemacht haben, will ich deshalb zunächst ein paar Angaben »zur Person« zusammenstellen:

Goldhamster, die von den Zoologen der Ordnung der Nagetiere *(Rodentia)* zugezählt werden, erreichen eine durchschnittliche Länge von 16–18 cm und haben – im Gegensatz zu den Meerschweinchen – einen kleinen, im Fell versteckten Stummelschwanz, der ungefähr 1,5 cm lang ist. Das kurze, dichte und weiche Fell ist bei der wildfarbenen Normalausführung braun mit rötlichem oder grauem Einschlag; die Unterseite ist hell gefleckt, und die Pfötchen sind ebenfalls weißlich. Die aufmerksam dreinblickenden Knopfaugen, die, wie Konrad Lorenz meint, das Tierchen intelligenter erscheinen lassen, als es tatsächlich ist, sind stets glänzend schwarz. Es gibt neben der Wildform noch einige Zuchtformen (Albinos sowie graue, cremefarbene und gescheckte Exemplare), die nicht so häufig im Handel sind und deswegen etwas mehr kosten können. Diese Zuchtformen gelten übrigens als etwas heikler und sensibler.

Ausgewachsene Goldhamster können ein Gewicht von mehr als 160 g auf die Waage bringen. So schwer werden allerdings nur die Weibchen; die Männchen oder »Böckchen« begnügen sich mit etwa 20 g weniger. Die Geschlechter kann man jedoch leichter an den acht Zitzenpaaren des weiblichen Tiers, an der spitzer zulaufenden Hinterpartie des Männchens und an dem bei ihm größeren Abstand zwischen After und Geschlechtsteil erkennen.

Was das Sozialleben der Goldhamster angeht, so zählt man sie zu den Einzelgängern, nicht, wie oft fälschlich angenommen, zu den gesellig lebenden Tieren. Das erklärt manches, wie wir noch sehen werden.

Eine wichtige Eigenheit der Tiere, der sie sogar ihren Namen verdanken, soll dieses kurze Goldhamsterporträt beschließen: das Hamstern. Hier handelt es sich um ein angeborenes Verhalten, das die Tiere auch in der Gefangenschaft beibehalten, obwohl es mittlerweile gänzlich überflüssig geworden ist. Doch die Natur läßt sich nicht so rasch ummodeln. So werden wir immer wieder beobachten können, daß der Hamster sich die sehr dehnfähigen Backentaschen mit Körnern vollstopft, bis er wie ein pausbäckiges Zwergenkind aussieht, und sie dann an einem ihm günstig erscheinenden Platz in seinem Käfig wieder entleert. Frei umherlaufende Tiere legen ihre Vorratsverstecke natürlich irgendwo in der Wohnung an. Man darf sich also nicht wundern, wenn man überall, hinter den Schränken, unter den Teppichen oder in Blumentöpfen, Körnerhäufchen entdeckt, die der Hamster hinterlassen hat.

Das ist freilich nicht der Hauptgrund, warum ich sehr davon abrate, Goldhamster frei im Zimmer zu halten. Auch ein leidlich zahmes Tier versteckt sich gern und kann dann tagelang unauffindbar bleiben, ganz abgesehen von dem Schaden, den die Nagezähne zu verursachen imstande sind. Ein Goldhamster gehört grundsätzlich in einen Käfig, was jedoch nicht ausschließt, daß man ihn des öfteren herausholt und unter Aufsicht umherspazieren läßt. Erst in dieser relativen Freiheit zeigt sich das drollige, neugierige und zutrauliche Verhalten in aller Ungezwungenheit. Man muß aber aufpassen, daß er in seinem ungehemmten Forschungsdrang nicht vom Tisch oder einem höheren Möbelstück herunterpurzelt. Ein tiefer Sturz kann für ihn einen gewaltigen Schock oder gar Schlimmeres zur Folge haben, weil Goldhamster als Bodenbewohner so etwas nicht gewöhnt sind.

Unterbringung, Haltung und Ernährung

Der Käfig für ein Einzeltier sollte mindestens 40 x 30 x 30 cm groß und außerdem sehr stabil, d. h. ausbruchsicher und nagezahnfest, sein. Die in jedem Fachgeschäft oder Kaufhaus erhält-

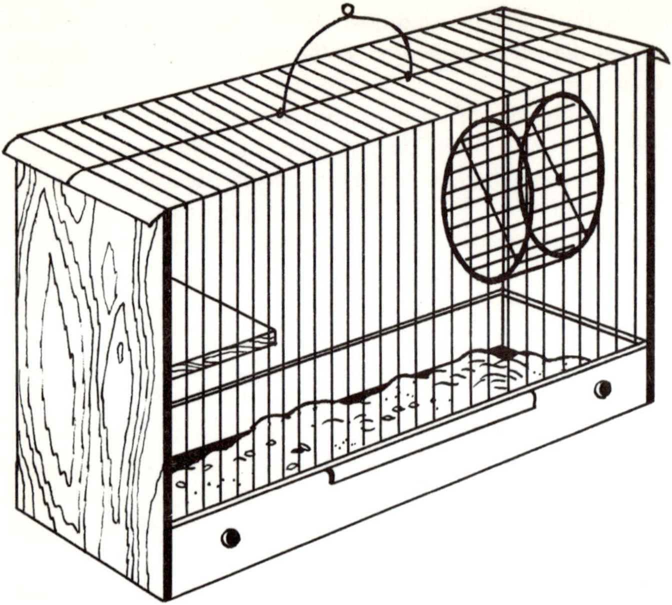

lichen Hamsterkäfige aus Metall und Kunststoff haben sich bestens bewährt. Aber auch ein ausgedientes größeres Aquarium oder ein geräumiger Vogelkäfig mit enger Verdrahtung sind durchaus brauchbar. Wer die Hamsterwohnung selber basteln will, muß beachten, daß nur Hartholz oder kunststoffbeschichtetes Material und punktverschweißtes Drahtgeflecht genügend Sicherheit vor Ausbruchsversuchen gewährleisten. In jedem Fall ist wichtig, daß der Behälter einen festen Drahtgitterdeckel bzw. ein gutschließendes Türchen hat.

Für die wenigen, die ihrem Goldhamster (und sich selber) etwas Besonderes und Naturgemäßeres bieten wollen, habe ich einen etwas aufwendigeren Vorschlag in petto: Man richte einen möglichst großen Glasbehälter – ein ausrangiertes 100-Liter-Becken, das vielleicht nicht mehr ganz wasserdicht ist, wäre beispielsweise ideal – mit einer dicken Schicht aus Erde und Sand ein. Darin wird sich jeder Goldhamster besonders wohl fühlen. Er gräbt seine Gänge in den Boden, legt unterirdische Vorratskammern an und benimmt sich auch sonst ganz wie zu Hause, nämlich wie in der orientalischen Steppen- und Wüstenlandschaft. Die Sache hat nur einen Haken: Der Insasse wird sich tagsüber in tieferen Regionen verborgen halten und nur des Nachts zum Vorschein kommen. Es gehört schon einige Selbstüberwindung dazu, wenn man sich für diese Lösung entscheidet, von der das Tier weit mehr hat als der Mensch.

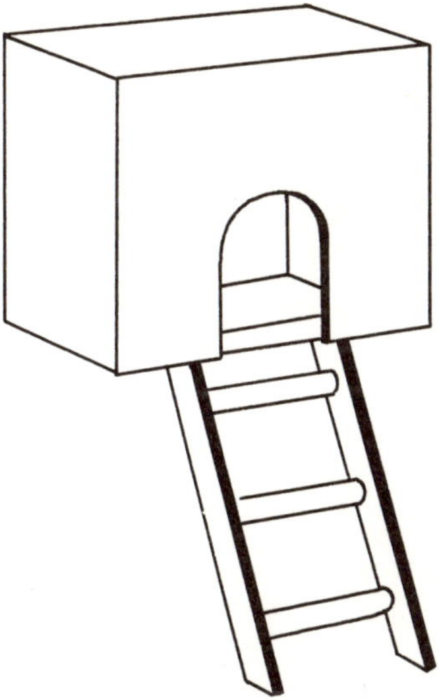

Schlafkistchen

Trinkautomat

Doch der robuste und durch weitgehende Domestikation anpassungsfähig gewordene Goldhamster gibt sich auch gern mit dem Kompromiß zwischen tierischen Lebensbedürfnissen und menschlicher Schaulust zufrieden, wie ihn die übliche Käfighaltung darstellt. Er hat keine großen Wünsche, was die Inneneinrichtung seiner Behausung betrifft: Der Käfigboden wird mehrere Zentimeter dick mit Sand oder handelsüblicher Einstreu belegt, an die Käfigwand hängen wir eine Schlafkiste, die über eine Leiter zu erreichen ist (s. Zeichnung!). Für Futter und Trinkwasser genügen zwei standfeste Näpfe. Besser als ein Trinknapf ist allerdings ein Trinkautomat, der nicht viel kostet, aber die Verschmutzung des Wassers verhindert. Wer darüber hinaus seinem Goldhamster noch eine Freude machen will, der spendiere ihm ein Laufrad (sofern es nicht schon eingebaut ist), das möglichst aus Metall gefertigt sein soll, denn den primitiven Plastikrädern ist bei der ständigen Beanspruchung keine lange Lebensdauer beschieden. Jeder Goldhamster nimmt ein solches Rad sofort mit Freuden an, was beweist, daß es sich hier nicht, wie manchmal behauptet, um ein Instrument der Tierquälerei handelt, sondern um ein sinnvolles Trimmgerät.

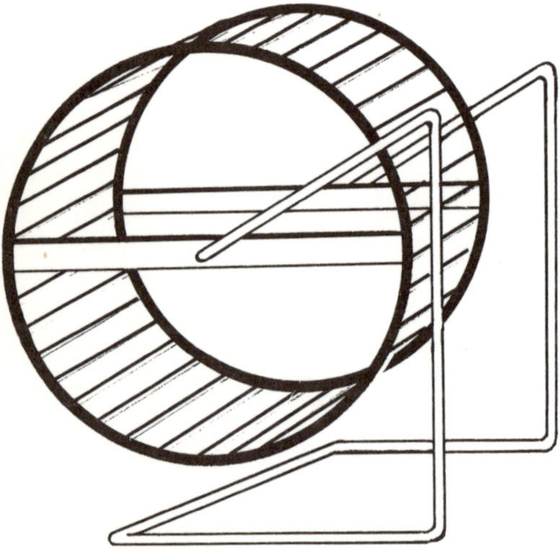

Laufrad für Goldhamster und Mäuse

Die Ernährung ist völlig unproblematisch. Mit einem guten käuflichen Standardfutter, das ein abwechslungsreiches Körnergemisch und alle wichtigen Zusatzstoffe enthält, kann man ihn sein (kurzes) Leben gesund und munter erhalten. Die erforderlichen Beilagen fallen tagtäglich in jedem Haushalt ab: ein Stück knochenhartes Brot (gut für die Nagezahnpflege), ein Salatblatt oder sonstiges Grünzeug, eine Möhre, Apfel- oder Birnenschnitze, Nüsse, Rosinen, trockene Haferflocken, hin und wieder ein bißchen mageres Hackfleisch usw. Lebende Mehlwürmer, wie man die Maden des Mehlkäfers nennt, sind als Leckerbissen sehr begehrt. Sie kommen allerdings (hoffentlich) nicht im

Haushalt vor, sondern müssen im Zoogeschäft in kleinen Portionen gekauft werden.

Frisches Trinkwasser ist notwendig, obwohl die Hamster als Wüstenbewohner nur wenig Flüssigkeit aufnehmen. Bei reichlicher Zufütterung von saftigem Grünzeug kann unser Hausgenosse auch einmal ein paar Tage ohne Wasser auskommen.

Eines kann der Wüstenbewohner allerdings nicht entbehren: Wärme, und zwar möglichst trockene Wärme. Die Temperatur des Raumes, in dem er seinen ständigen Wohnsitz hat, sollte nicht unter 10° C absinken. Sonst könnte es passieren, daß das Tier wie in den vergleichsweise kalten Wintermonaten seiner südlichen Heimat in einen längeren Winterschlaf versinkt. Das aber wollen wir vermeiden, denn gerade in der kalten Jahreszeit, wenn die Tage kürzer und die »Spielzeiten« unseres Goldhamsters entsprechend länger werden, haben wir die beste Gelegenheit, uns liebevoll mit ihm zu beschäftigen. Sollte ihn trotzdem einmal die Wintermüdigkeit übermannen, dürfen wir ihn nicht roh aus dem fast todesähnlichen Zustand reißen, sondern wir müssen ihn ganz langsam an höhere Umwelttemperaturen gewöhnen und nach dem Erwachen aus seinem Schlaf mit besonders kräftigem Futter versorgen.

Es wird dem Leser aufgefallen sein, daß ich auf diesen Seiten von unseren Goldhamstern fast nur in der Einzahl gesprochen habe. Das hat seinen guten Grund, auf den ich zum Schluß noch einmal etwas ausführlicher eingehen muß, weil er eine wesentliche Voraussetzung erfolg- und genußreicher Hamsterhaltung ist.

Wer noch Neuling in der Heimtierpflege ist und nicht die vermessene Absicht hat, sofort eine gewinnträchtige Massenzucht zu eröffnen, sollte sich zunächst auf einen einzelnen Goldhamster beschränken. Ein Tier macht dem Halter genausoviel Freude wie deren zehn und kann selbstredend leichter und mit mehr Liebe betreut werden. Dem Tier selber kann die »Einzelhaft« nur recht sein, denn Goldhamster sind bekanntlich Einzelgänger und vermissen ihre Artgenossen nicht – außer in der Brunftzeit. Zwei Böckchen in einem Käfig zu halten kommt einer Einladung zum Kannibalismus gleich. Männliche Tiere bekämpfen sich oftmals bis aufs Blut, weil sie sich als Rivalen empfinden und nicht die Möglichkeit haben, auf dem engen Raum einander auszuweichen oder abgeschirmte Reviere zu bilden. Bei zwei Weibchen sind die Auseinandersetzungen nicht gar so heftig, aber Ärger gibt es meist auch hier. Die gemeinsame Haltung zweier oder mehrerer Goldhamster kann allenfalls gelingen, wenn die Tiere aus demselben Wurf stammen und miteinander aufwachsen. Doch eine Garantie für geschwisterliches Wohlverhalten möchte ich auch in diesem Fall nicht übernehmen!

Streifenhamster

Dem Goldhamster, der sich in wenigen Jahrzehnten eine Spitzenposition in der Gunst der Menschen erworben hat, ist in letzter Zeit ein ernstzunehmender Konkurrent erwachsen, der allerdings den allermeisten Heimtierfreunden bislang unbekannt geblieben sein dürfte. Um so notwendiger scheint es mir darum zu sein, auf ihn mit allem gebührenden und empfehlenden Nachdruck hinzuweisen.

Es handelt sich um einen nahen Verwandten des Syrischen Goldhamsters, den Chinesischen Streifenhamster *(Cricetulus griseus)*, den man zuweilen auch als Chinesischen Zwerghamster bezeichnet. Die zierlichen graubraunen Tiere, die mit einer durchschnittlichen Körperlänge von 12 cm ein gutes Stück kleiner bleiben als ihr allbekannter Vetter und an ihrer dunkelgestreiften Rückenpartie leicht zu erkennen sind, stammen aus dem Fernen Osten und fanden ebenfalls über die Zuchtlabors der Wissenschaftler Eingang in diese Liebhaberei. Es sieht ganz so aus, als ob sie sich dort bald einen guten Stammplatz sichern könnten, wenn die Leute erst einmal darauf gekommen sind, was für reizende Spieltiere diese Mini-Hamster sind. Doch wer seine Augen offenhält, kann auch heute schon feststellen, daß Streifenhamster von den Zoohändlern immer häufiger zu erschwinglichen Preisen angeboten werden. Die Preise werden sicherlich noch etwas fallen, sobald die Tiere, die erst vor wenigen Jahren bei uns aufgetaucht sind, in größerer Zahl gezüchtet und in das Standardrepertoire des Fachhandels aufgenommen werden.

Ein ideales Kindertier

Ich habe den Eindruck, daß sich der Streifenhamster in wenigen Jahren zu einem idealen Kinder- und Anfängertier entwickeln wird, denn er ist mindestens genauso genügsam, ausdauernd und liebenswert wie der Goldhamster und wegen seiner Kleinheit und hübschen Fellzeichnung eher noch anmutiger. Die Zahmheit, die dem Goldhamster dank seiner weitgehenden Domestikation schon mehr oder weniger angeboren ist, wird sich im Lauf der Zeit auch bei seinem fernöstlichen Verwandten einstellen. Vorerst macht es im allgemeinen noch etwas mehr Mühe, das Vertrauen des Streifenhamsters zu erringen.

Im übrigen stimmt der Streifenhamster in seinem Verhalten und seinen Haltungsansprüchen weitgehend mit dem größeren Vetter überein. Er ist gleichfalls vorwiegend nachtaktiv, sehr bewegungsfreudig, gräbt gerne, hat das abweisende Benehmen des notorischen Einzelgängers und erreicht ein Lebensalter von ungefähr zwei Jahren. Sein Speisezettel sieht kaum anders aus, als ich ihn auf Seite 38 beschrieben habe. Ein normaler Goldhamsterkäfig (mit Laufrad!) ist auch für ihn eine geeignete Unterkunft.

In einem Punkt unterscheidet sich jedoch die Haltung der beiden Hamsterarten: Während wir beim »Massenprodukt« Goldhamster wohlweislich auf die Erzeugung von Nachwuchs verzichten, ist die Zucht von Streifenhamstern durchaus erwünscht und lohnend – zumindest vorerst noch. Sie ist allerdings auch nicht ganz so einfach wie beim Goldhamster, denn die Vermehrung läuft nicht automatisch ab. Man braucht vor allem ein Pärchen, das gut miteinander auskommt, was sich bei den angriffslustigen Hamsterzwergen nicht von selbst versteht. Die Weibchen scheinen sich sehr unnahbar zu gebärden und schrecken manchmal nicht einmal davor zurück, die ihnen zugedachten Partner kurzerhand umzubringen.

Kleintierexperten empfehlen deshalb, eine sogenannte »permanente Paarung« anzustreben, das heißt, verträgliche Partner ständig gemeinsam zu halten und zur Fortpflanzung zu bringen. Das gelingt jedoch offenbar nur mit Tieren, die aus einem Wurf stammen und miteinander groß geworden sind.

Wenn es geklappt hat, werden die zunächst nackten und hilflosen Hamsterkinder nach einer Tragezeit von 20–22 Tagen geboren und von der Mutter im selbstgebauten Nest drei Wochen lang gesäugt. Etwa ab der dritten Woche nehmen die Kleinen aber auch schon feste Nahrung zu sich. Solange die Hamstermutter ihre Kinder im Nest betreut, darf man das Familienidyll nicht stören, sofern man nicht einen herzhaften Biß oder gar den Verlust des Wurfs riskieren will. Diese Regel gilt übrigens ganz allgemein: Tiermütter, die kleine Kinder zu versorgen haben, können vorübergehend ihre Zahmheit vergessen und im höheren Interesse der Arterhaltung alles angreifen, was sie als Bedrohung ihrer Nachkommen auffassen.

Meerschweinchen

Auf die Frage, welches Heimtier beliebter und empfehlenswerter sei, der Goldhamster oder das Meerschweinchen, wüßte ich nur eine ebenso unlogische wie salomonisch weise Antwort: beide! Beide besitzen so viele Vorzüge, daß einem die Wahl schwergemacht wird.

Geht es indes darum, einem Kind den sehnlichsten Wunsch nach einem Tier zu erfüllen, würde ich wahrscheinlich sogar dem Meerschweinchen den Vorzug geben – aus mehreren wohlerwogenen Gründen:

1. Meerschweinchen sind gemütlicher, gutmütiger, verträglicher und weniger »raffiniert« als Goldhamster.
2. Meerschweinchen sind von vornherein völlig zahm und beißen höchstens in allergrößter Not (in die sie bei uns selbstverständlich niemals geraten).
3. Meerschweinchen sind größer und »griffiger« als Goldhamster. Sie lassen sich leichter umhertragen und verhätscheln.
4. Meerschweinchen sind tagaktiv, haben also den gleichen Lebensrhythmus wie ein Kind.
5. Meerschweinchen leben länger, nämlich im Durchschnitt sechs Jahre.

Mit einem Wort: Ein Meerschweinchen entspricht in nahezu unübertrefflicher Weise der Vorstellung von einem Kuschel-, Streichel- und Spieltier. Es hat, soweit ich sehe, aus der Tierhalterperspektive nur einen einzigen Fehler: Es macht mehr Schmutz und folglich mehr Arbeit als ein Goldhamster. Wenn der Käfig nicht zweimal in der Woche gründlich gesäubert wird, bildet sich auf dem Boden eine dicke Kotschicht, die weder schön anzusehen ist noch besonders gut riecht, ganz abgesehen davon, daß auch die Tiere lieber auf trockener Streu sitzen als auf den unappetitlichen Folgeerscheinungen ihrer unbezweifelbaren Freßlust.
Daß Meerschweinchen überdies recht vermehrungsfreudig sind, wollen wir ihnen beileibe nicht als Fehler ankreiden, aber bedenken sollte man diese Eigenschaft dennoch, bevor man sich für ein Pärchen entscheidet. Eine ganze Nachbarschaft oder Schulklasse ist schneller mit kleinen Meerschweinchen versorgt, als ein jugendlicher Amateurzüchter meint!

Das Haustier der Inkas

Joachim Ringelnatz hat einmal ein paar skurrile Verse über ein Meerschweinchen geschrieben, das am Schluß die bange Frage stellt: »Wo ist das Meer?« So etwas kommt nur in der Phantasie eines Dichters vor – in Wirklichkeit interessieren sich Meerschweinchen nicht im geringsten für das Meer, ja sie haben eine instinktive Abneigung vor dem Wasser.
Was hat dann aber das Meer im Namen der Tiere zu suchen? Ganz einfach: weil sie vor einigen Jahrhunderten übers Meer zu uns gekommen sind. Als die spanischen Konquistadoren im 16. Jahrhundert den südamerikanischen Subkontinent eroberten, entdeckten sie im Reich der Inkas kurzbeinige kleine Nagetiere, die allenthalben in den Hütten der Eingeborenen umherwuselten. Daß es sich um Nagetiere handelte, wußten die spanischen Haudegen natürlich noch nicht; sie hielten die Tiere eher für kleingeratene Schweine, zumal sie, die Tiere, wie Ferkelchen quiekten und übrigens auch so ähnlich schmeckten. Die drolligen Haustiere waren nicht nur Spielgefährten der Inkajugend, sondern wanderten zuweilen auch als Opfergaben auf die Altäre der Götter oder als Sonntagsbraten in die Kochtöpfe der Men-

schen. Daran hat sich bis heute nichts geändert: Immer noch werden Meerschweinchen auf südamerikanischen Märkten feilgeboten, nicht anders als bei uns Weihnachtsgänse oder Kaninchen.

So, jetzt wissen wir endlich, woher die Meerschweinchen ihren merkwürdigen und nicht sonderlich attraktiven Namen haben. Ich hoffe auch, daß ich mit diesem historischen Hinweis auf die mißglückte Namensgebung das weitverbreitete Vorurteil gegen die Tiere ausgerottet habe, die verurteilt sind, den ebenso albernen wie unpassenden Namen »Meerschweinchen« zu tragen. Geringschätzung und Spott verdienen diese im doppelten Sinne menschenfreundlichen Geschöpfe am allerwenigsten; denn sie bringen nicht nur als liebenswerte Heimtiere Freude in unzählige Familien, sondern haben auch als Laboratoriumstiere einen nicht zu unterschätzenden Beitrag zur medizinischen Forschung geleistet.

Die Meerschweinchen, die bei uns leben, haben sich freilich von ihren wildlebenden Vorfahren ziemlich weit entfernt. Das zeigt sich am deutlichsten in der wissenschaftlichen Benennung: Das »wilde« Peruanische Meerschweinchen heißt *Cavia cutleri* und ist ein wetterfestes graubraunes Gebirgstier, während unser Haus-Meerschweinchen den Namen *Cavia porcellus* erhielt, also eine andere zoologische Art repräsentiert. Diese Verschiedenheit erklärt sich durch die lange Haustiervergangenheit der Meerschweinchen, die schon vor der Ankunft der Spanier in Übersee domestiziert waren.

In den letzten Jahrhunderten hat man zudem aus den Haustieren der Inkas mehrere Spielarten herausgezüchtet. Die bekanntesten sind: die glatthaarige »Grundform«, das strupphaarige oder Rosettenmeerschweinchen und das Langhaar- oder Angorameerschweinchen. Auch die Färbung hat sich mit der Zeit stark verändert. Aus dem einheitlichen Graubraun der Wildtiere entstand eine Fülle von Farbschlägen zwischen Weiß und Schwarz, doch das Braun in allen möglichen Tönungen herrscht immer noch vor. Mehrfarbig gezeichnete Tiere sind heutzutage weit häufiger anzutreffen als einfarbige.

Meerschweinchen in den verschiedenen Haartrachten und Fellfarben sind fast überall im Handel – und sie sind alle gleichermaßen empfehlenswert. Beim Kauf ist allenfalls zu beachten, daß die Rosetten- und Angoratiere ein wenig empfindlicher zu sein scheinen und außerdem ein paar Mark teurer sind.

Meerschweinchenwohnungen

Eine Meerschweinchenwohnung kann sehr schlicht, darf aber nicht zu klein sein. Auf einer Bodenfläche von mindestens 70×50 cm kann sich ein einzelnes Tier die kurzen Beine ausreichend vertreten. Als Notunterkunft genügt sogar eine stabile Holzkiste oder auch eine geräumige Plastikwanne, die den Vorzug der leichten Reinigung hat. Schöner und individueller ist natürlich ein selbstgebasteltes Meerschweinchenhaus des auf

Seite 22f. beschriebenen Typs, doch weniger Arbeit macht ein Fertighaus aus verchromtem Draht und Kunststoff, wie es in jedem Fachgeschäft und Kaufhaus zu haben ist. Man sollte unbedingt einen Käfig mit einem Drahtgitterdeckel kaufen, auch wenn er ein paar Mark mehr kostet als die oben offenen Gehäuse.

Die Hersteller der deckellosen Käfige verlassen sich auf die Aussagen der meisten Heimtierbücher, in denen es heißt, daß für Meerschweinchen eine Seitenwandhöhe von 30–40 cm ausreicht, da die Tiere ja weder klettern noch springen können. Nun, diese Fabrikanten kennen Meerschweinchen nicht! Von den fünf Exemplaren, die derzeit unseren Haushalt beleben, sind mindestens drei imstande, ihre dachlosen Wohnungen – auch ich habe einmal einen Fehler gemacht – kletternd zu verlassen, wenn es ihnen drinnen zu langweilig wird. Ich habe die Ausreißer oft genug beobachtet, um Respekt vor den Kletterkünsten der angeblich kletterunfähigen Meerschweinchen zu bekommen. Sogar eine betagte Meerschweinchendame, die inzwischen mehrfache Mutter und Großmutter ist, schafft das spielend; ihr sechs Wochen alter Sohn versucht es ihr nachzumachen – vorerst allerdings noch ohne Erfolg! Und daß die Tiere auch beachtliche Sprünge vollführen können, beweist mir ein Foto, das ich kürzlich in einer Tierzeitschrift fand. Es zeigt ein (dressiertes) Meerschweinchen, das mit einem Riesensatz über ein mächtiges Hindernis hinwegfliegt.

Also, eine Abdeckung ist notwendig, wenn wir nicht Gefahr laufen wollen, daß unsere Hausgenossen sich unbeaufsichtigt in der ganzen Wohnung verlustieren oder gar draußen das Weite suchen. Fast ebenso notwendig ist eine kleine Futterraufe, die an einer Längswand angebracht wird. Die handelsüblichen Käfige sind meist schon damit ausgestattet, und für den Eigenbau kann man eine solche Raufe aus zwei dreieckigen Brettchen und einem Stück grobmaschigem Drahtgeflecht rasch selber basteln. In die Raufe kommt das Grünzeug, das Meerschweinchen in großen Mengen vertilgen, aber auch gern verschmutzen und zertrampeln, wenn es einfach auf den Boden geworfen wird.

Die Inneneinrichtung wird komplettiert durch einen sehr standfesten Futternapf für die Körnernahrung, der möglichst aus schwerem Steingut bestehen sollte. Solange die Tiere regelmäßig saftiges Grünzeug bekommen, erübrigt sich ein Trinkgefäß; das brauchen sie nur für die Zeit, in der fast ausschließlich Trockenfutter gereicht wird.

Daß der Käfigboden mit einer dicken Einstreu belegt werden muß, versteht sich angesichts der reichlich anfallenden Stoffwechselprodukte von selbst. Da der Bodenbelag zweimal wöchentlich vollständig zu erneuern ist, verwendet man möglichst billiges Material (Sägespäne, Stroh, getrocknetes Gras von der letzten Rasenmahd, Heu usw.), damit nicht am Ende die Meerschweinchenpflege teurer wird als die Haltung eines Reitpferds! Sollten die Tiere von ihrer Einstreu fressen, so kann uns das nur recht sein: Meerschweinchen brauchen zur Verdauung viel faserhaltige Ballaststoffe. Wer eine sehr empfindliche Nase hat, dem empfehle ich, zwecks Geruchsbindung immer etwas Torfmull oder Katzen-Spezialstreu unter den Bodenbelag zu mischen.

Allen, die wenigstens einen kleinen Vorgarten ihr eigen nennen, möchte ich noch einen kostensparenden Vorschlag machen: Vom Frühling bis zum Herbst können die Meerschweinchen ihr Leben draußen verbringen und sich weitgehend von frischem Gras (und Unkraut!) ernähren. Dadurch erspart man sich einerseits das lästige Mähen, und andererseits wird der Rasen quasi durch sich selbst gedüngt, nachdem er durch den Meerschweinchenmagen gewandert ist. Ein einzelnes Tier kann ein kleineres Rasenstück auf diese Weise mühelos »bearbeiten«.

In den seltensten Fällen kann man die Meerschweinchen frei auf der Weide herumlaufen lassen; selbst ein Maschendrahtzaun ist kein sicherer Schutz vor Ausreißversuchen. Wir müssen deshalb aus ein paar Latten und Drahtgeflecht einen »Laufstall« bauen, der sich auf dem Rasen leicht verschieben läßt, so daß die gesamte Fläche nach und nach sauber abgeweidet wird. Wie so ein Laufstall aussieht, zeigt die Zeichnung:

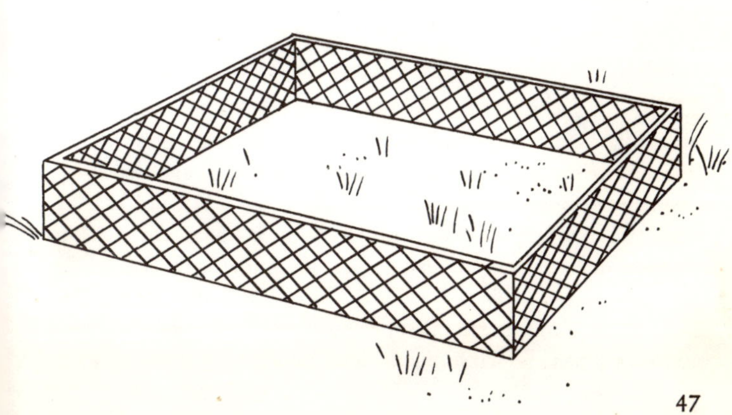

Die Seiten sollten etwa 1,50 m lang sein, und wenn wir die »Wände« mindestens 50 cm hoch machen, dürfte eigentlich nichts mehr passieren. Diese Höhe können selbst meine Kletterartisten nicht überwinden. Wichtig ist jedoch, daß der Rahmen des Weidestalls mit der Unterkante fest aufliegt, denn die erfindungsreichen Meerschweinchen würden sich sonst unten durcharbeiten. Sicherheitshalber kann man das ganze Gestell mit zwei Balken oder ein paar Ziegelsteinen beschweren – aber bitte so, daß die Balken oder Steine den Insassen nicht auf den Kopf fallen können!

Eine andere Möglichkeit der Freilandhaltung besteht darin, daß man eine größere Rasenfläche mit kleinen Pfählen und Maschendraht abteilt. Dann sollte der Draht mindestens 20 cm tief in den Boden versenkt werden, um ein Unterwühlen zu verhindern. In einem solchen »Freigehege« kann man mehrere Meerschweinchen – die meiste Zeit des Jahres Tag und Nacht – halten. Die Tiere sind dank ihrer Herkunft aus dem südamerikanischen Hochland nicht sonderlich empfindlich gegen Kälte – Temperaturen unter 10° C schätzen sie freilich nicht –, wohl aber gegen pralle Sonne und Nässe. Das bedeutet, daß wir ihnen in unserem wetterwendischen Klima einen Regen- und Sonnenschutz in Form einer alten Holzkiste, die nach Möglichkeit mit Dachpappe abgedichtet sein sollte, ins Gehege stellen müssen. Leute mit Phantasie und einigem Bastlergeschick können für ihre Meerschweinchen statt der langweiligen Kiste ein richtiges buntlackiertes Häuschen mit Giebeln, Türen und Fenstern bauen. Das macht den Tieren und mehr noch den Kindern Spaß. Der humorlose Vorwurf, so etwas grenze an Kitsch, soll uns nicht weiter stören.

Wer all diesen Aufwand scheut, kann sich auf ganz simple Weise behelfen: Er setzt das Oberteil des Käfigs auf den Rasen und die Meerschweinchen hinein. Auch hier erweist sich ein Käfig mit Deckel wiederum als vorteilhaft, denn um ein Entweichen der Insassen zuverlässig zu verhindern, stellt man das Käfigoberteil mit dem Dach nach unten auf den Boden und deckt es oben mit einem (steinbeschwerten) Brett oder Drahtrost ab. So können die Tiere durch das Deckelgitter hindurch ungestört grasen und mitsamt ihrem Behälter mühelos auf der Weide verschoben werden.

Ernährung

Selbstverständlich lebt ein Meerschweinchen nicht von Gras allein, aber Grünfutter ist ganzjährig ein wesentlicher Bestandteil seines Speisezettels. Wo kein Rasen zur Verfügung steht, muß man möglichst täglich etwas Salat, Möhren, Obst, Gemüseabfall, Löwenzahn, Klee usw. besorgen, ja sogar rohe oder gekochte Kartoffeln und Kartoffelschalen sind als Futter geeignet. Hinzu kommt regelmäßig ein Trockenfuttergemisch, das hauptsächlich aus allerlei Körnern besteht und überall abgepackt zu kaufen ist. Ein trockener Kanten Brot oder ein frischer Obstbaumzweig ist gut für die Nagezähne, die übermäßig wachsen können, wenn sie sich nicht durch Beknabbern harter Futterstoffe auf natürliche Weise abnutzen. Überlange Zähne müssen mit einer scharfen Zange vorsichtig gekürzt werden, denn sonst kann das betreffende Tier schließlich nicht mehr fressen und muß sterben.

Trinkwasser ist, wie bereits erwähnt, nur erforderlich, wenn nicht genügend Grünfutter vorhanden ist, um den geringen Flüssigkeitsbedarf der Tiere zu decken.

Wie man sieht, sind die sanften Kuscheltiere bescheidene Kostgänger. Sie fressen vielerlei, was leicht zu beschaffen ist oder in einem meerschweinchenlosen Haushalt in den Mülleimer geworfen würde. Aber sie fressen auch viel, fast pausenlos.

Meerschweinchennachwuchs

Neugeborene Meerschweinchen sind so ungefähr das Entzückendste, was die Natur uns naturentfremdeten Menschen zu bieten hat. Sie kommen mit offenen blanken Augen und vollständig ausgebildetem Körper mit Fell auf die Welt und sind vom ersten Augenblick an munter, ja sie nehmen oft schon am ersten Tag neben der obligatorischen Muttermilch feste Nahrung zu sich. Für Kinder – und nicht nur für diese – ist es ein beglückendes und zugleich lehrreiches Erlebnis, die Entstehung und die rasche Entwicklung der pummeligen Tierbabys mitzuverfolgen.

Allein aus diesem Grund sollte man wenigstens einmal die Geburt von Meerschweinchenkindern zulassen, freilich nur unter der Voraussetzung, daß schon vorher geklärt ist, was mit dem Nachwuchs geschehen soll. Da sich bei Meerschweinchen die Zahl der Jungen eines Wurfs in Grenzen hält (meist sind es weniger als fünf), sollte es nicht allzu schwerfallen, einen guten Platz für sie zu finden. Man kann natürlich auch alle Jungen selber behalten, doch dann ist die Gefahr groß, daß es nicht beim einenmal bleibt.

Bei Meerschweinchen ist das Kinderkriegen ein Kinderspiel. Man braucht nur ein Männlein und ein Weiblein, die ein paar Monate alt sind, in einem Käfig zusammenzusetzen, und der Zuchterfolg ist praktisch gesichert. Zu Streitereien kommt es zwischen den Partnern nicht, da Meerschweinchen, anders als Goldhamster, von Hause aus gesellige Tiere sind, denen die Nähe eines andersgeschlechtlichen Artgenossen stets willkommen ist. Ganz anders sieht die Sache aus, wenn zwei Böcke aufeinanderstoßen, die beide ein Auge auf ein liebesbereites Weibchen geworfen haben. Dann können sich ernsthafte Rivalenkämpfe entwickeln, die allerdings in der Regel ohne schwerwiegende Verletzungen ablaufen.

Die Jungen werden meist nach einer Tragezeit von gut zwei Monaten geboren und von der Mutter etwa drei Wochen lang gesäugt. Es ist ratsam, den Vater gleich nach der Geburt zu entfernen, nicht, weil er seinen eigenen Kindern etwas antun könnte (obwohl das in seltenen Fällen vorkommen kann), sondern weil die junge Mutter gleich wieder brünstig wird und auf neuen Nachwuchs sinnt. Und das wollen wir doch im Sinne einer vernünftigen Geburtenbeschränkung vermeiden.

Zwergkaninchen

Es liegt nahe, die Zwergkaninchen gleich im Anschluß an die Meerschweinchen zu behandeln, weil beide von allen Heimtieren am ehesten zusammenpassen. Die Kombination Meerschweinchen plus Kaninchen kann ich jedem empfehlen, der aus sattsam bekannten Gründen keinen Nachwuchs erzielen möchte, dem es aber auf der anderen Seite widerstrebt, das natürliche Geselligkeitsbedürfnis der Tiere durch strenge Einzelhaft verkümmern zu lassen. Wie wäre es also, wenn wir statt zwei Meerschweinchen oder zwei Kaninchen ein Meerschweinchen mit einem Kaninchen in einem Käfig gemeinsam pflegten? Die beiden kommen prächtig miteinander aus und erfreuen uns durch den Anblick doppelter tierischer Anmut. Ungewollte Nachkommen sind mit absoluter Sicherheit ausgeschlossen (das nur als beruhigender Hinweis für die nicht wenigen Tierfreunde, die eine Paarung von völlig verschiedenen Arten immerhin für möglich halten).

Daß sich Meerschweinchen und Kaninchen so gut verstehen, beruht nicht auf irgendwelchen verwandtschaftlichen Beziehungen, sondern einzig und allein auf der Gleichartigkeit der Temperamente sowie der Lebens- und Ernährungsweise. Die Kaninchen gehören zu den Hasenartigen, die zwar den eigentlichen Nagern nahestehen, aber neuerdings von den Zoologen aus der Nagetierordnung herausgelöst und in einer eigenen Ordnung untergebracht werden. Diese wissenschaftliche Einteilung ist indes den Tieren völlig gleichgültig: sie vertragen sich und lieben einander oft zärtlich, wenngleich rein platonisch.

Selbstverständlich besteht keinerlei Zwang, Meerschweinchen und Zwergkaninchen zusammenzusetzen. Man kann ein Zwergkaninchen ebensogut und mit ebensoviel seelischem Gewinn auch für sich halten. Es nimmt uns die Einzelhaltung bestimmt nicht übel, wenn wir uns genügend mit ihm beschäftigen.

Farbenzwerge

Zwergkaninchen, oft auch als Zwerghasen bezeichnet, werden von den Fachleuten unter dem Begriff »Farbenzwerge« zusammengefaßt. Wer diesen Namen erfunden hat, weiß ich nicht; besonders aufschlußreich ist er jedenfalls nicht. Immerhin besagt er soviel, daß es die so benannten Tiere in verschiedenen Farben gibt, in Weiß, Grau, Braun, Schwarz usw., allerdings immer nur »uni«, nicht gescheckt.

So neu wie der Begriff sind auch die Farbenzwerge selber. Vor zwei Jahrzehnten waren sie noch eine große Rarität, die unter Ausschluß der Öffentlichkeit von einzelnen Züchtern gehegt und gepflegt wurden. Erst vor wenigen Jahren, als sie zahlreicher vorhanden waren, tauchten sie immer häufiger in den Zoohandlungen auf. Mittlerweile sind sie bei jungen und alten Tierfreunden so beliebt geworden, daß sie den altbewährten Heimtieren Meerschweinchen und Goldhamster ernsthaft Konkurrenz zu machen beginnen. Da die Zucht der Farbenzwerge leider nicht sehr ergiebig ist, kann die Nachfrage bisweilen nicht mehr gedeckt werden.

Das ist für den Tierhalter in zweifacher Hinsicht wichtig: Zum einen kann die Zucht der Kaninchenzwerge eine durchaus lohnende Sache sein, und zum andern muß man als unerfahrener Käufer aufpassen, daß man auch wirklich ein Zwergkaninchen erhält. Denn »Zwerg« ist ein sehr relativer Begriff, und nicht jedes kleine Kaninchen, das uns offeriert wird, ist ein echter Farbenzwerg; es kann auch ein Jungtier einer mittelgroßen oder gar großen Rasse sein. Die Enttäuschung des Besitzers wächst dann im gleichen Maße wie sein vermeintliches Zwergkaninchen, das am Ende gar das stattliche Format eines ganz gewöhnlichen »Stallhasen« erreicht!

Solcher Verdruß kann nur entstehen, weil es auf der Welt so viele Kaninchenrassen gibt, die der Laie kaum auseinanderzuhalten vermag. Aus einer einzigen Stammform, dem Wildkaninchen *(Oryctolagus cuniculus)*, hat der Mensch über Jahrhunderte hinweg immer neue Zuchtformen entwickelt, große und kleine, leichte und schwere, bunte und einfarbige, langhaarige und kurzhaarige. Aus einer besonders zierlichen, kleinwüchsigen Rasse, dem Hermelinkaninchen, entstanden zuletzt, als Krönung aller züchterischen Bemühungen, unsere Farbenzwerge oder Zwergkaninchen, die als sanftmütige Spiel- und Streicheltiere in den Käfigen der Liebhaber und nicht mehr, wie die meisten ihrer Vorläufer, als Braten auf dem sonntäglichen Mittagstisch enden.

Wir müssen also bei der Anschaffung sehr vorsichtig sein und uns beim Verkäufer genau vergewissern, ob es sich tatsächlich um ein echtes, rassereines Zwergkaninchen handelt. Auf eine zufriedenstellende Auskunft hat der Käufer Anspruch. Ein wenig kann er sich auch auf seine eigenen Augen verlassen, wenn er weiß, daß ein gedrungener, walzenförmiger Körper und dicht

beieinanderstehende kurze Ohren (ca. 5 cm) typische Merkmale der Farbenzwerge sind.
Doch selbst wenn man sein gutes Geld richtig angelegt hat, darf man sich keine Illusionen machen: Ganz so winzig und niedlich bleibt die Neuerwerbung mit Sicherheit nicht. Ein Jungtier – und in der Regel werden nur Jungtiere verkauft – wächst ziemlich schnell heran. Nach einigen Monaten schon kann es mehr als drei Pfund auf die Waage bringen. Doch vielleicht haben wir Glück, und unser neuer Hausgenosse stellt sein Wachstum bei einem Idealgewicht von 1000–1200 g und einer Idealgröße von weniger als 30 cm ein.

Unterbringung und Ernährung

Die Wohnansprüche eines Zwergkaninchens decken sich ungefähr mit denen eines Meerschweinchens. Wenn beide Arten eine Wohngemeinschaft eingehen sollen, ist ein handelsüblicher Meerschweinchenkäfig oder ein spezieller »Hasenkäfig«, der sich freilich vom ersteren nur minimal unterscheidet, eine einfache und praktische Lösung. Man wähle jedoch den geräumigsten Behälter, den man auftreiben kann und achte darauf, daß eine Abdeckung vorhanden ist.
Besser gefällt den Kaninchen zweifellos eine kastenförmige Behausung nach dem Muster des Do-it-yourself-Modells (siehe Seite 22f.), denn sie sind von Natur aus Höhlenbewohner und fühlen sich deshalb in einer weitgehend geschlossenen Unterkunft am wohlsten.
Wenn wir unseren Kaninchenzwerg in einem Laufstall auf die Weide führen wollen, was sehr zu empfehlen ist, müssen wir bedenken, daß alle Kaninchen gern Gänge in den Erdboden wühlen. Ein »Fluchttunnel« ist schneller fertig, als der leichtsinnige Pfleger ahnt! Aus diesem Grund muß das Lattengestell unten unbedingt mit ausbruchssicherem Maschendraht bespannt werden, der auf dem Rasen aufliegt, das Tier aber nicht am Weiden hindert. Bei einem großen, fest installierten »Freigehege« ist ein derartiger Maschendrahtboden nicht immer ohne weiteres anzubringen. Hier hilft dann nur eines: Alle Seitenteile müssen wenigstens 50 cm tief in den Boden versenkt werden.

Kaninchen halten sehr viel von körperlicher Ertüchtigung. Beim Umherhoppeln und -flitzen entwickeln die munteren Kleinen weit mehr Temperament, als man ihnen zutrauen möchte, wenn man bis dahin nur die trägen und etwas langweiligen Stallhasen kennengelernt hat. Die notwendige Bewegung kann man den Tieren ohne weiteres im Wohnzimmer verschaffen, natürlich unter Aufsicht. Das ist gut für die bei Mensch und Tier stets bedrohte schlanke Linie. Der kleine Mümmelmann kann sich auf Teppich und Parkett gründlich austoben, und der Mensch darf mit Kehrschaufel und Besen hinterherrennen, um die »Kaffeebohnen« zu beseitigen, die ersterer mit lässiger Selbstverständlichkeit überall verstreut – wenigstens am Anfang. Denn ein wohlerzogenes Zwergkaninchen kann mit der Zeit stubenrein werden; darin unterscheidet es sich von den unverbesserlichen Meerschweinchen.

Die Erziehung zur Reinlichkeit erfordert allerdings eine gehörige Portion Geduld und zudem eine oder besser gleich zwei der üblichen Katzentoiletten, die an einem bestimmten, strategisch günstigen Platz im Zimmer aufgestellt werden. Sobald das Kaninchen unruhig mit den Pfoten zu scharren oder gar die ersten Bohnen zu verlieren beginnt, wird es gepackt, auf sein Klo gesetzt und nach vollbrachter Tat kräftig gelobt und gestreichelt – nicht anders als ein Welpe in der gleichen Situation. Durch ständige Wiederholung dieser Prozedur, mit der man so früh wie möglich anfangen sollte, wird dem vergleichsweise gelehrigen Kaninchen klar, worauf es ankommt. Fehlleistungen oder gar Fehlschläge sind niemals auszuschließen, aber der Versuch lohnt sich allemal.

Wenden wir uns jetzt der appetitlicheren anderen Seite des Kaninchen-Stoffwechsels zu, der Ernährung. Hier können wir uns kurz fassen, denn Kaninchen nehmen mehr oder weniger mit dem gleichen Futter vorlieb, wie wir es auf Seite 49 für die Meerschweinchen beschrieben haben. Der Anteil an Grünzeug sollte jedoch größer sein, und statt der Körnermischung bevorzugen die Mümmelmänner sogenannte Pellets (Preßlinge oder Preßfutter). Diese Knabberstangen oder -plätzchen werden gern genommen und enthalten alle notwendigen Nährstoffe.

Eine übermäßige Verfütterung von Getreide führt bei den Vielfraßen zu »Hitze« und Fettleibigkeit. Doch noch schlimmer ist die Verwendung von nassem Grünfutter. Das kann lebensgefährliche Verdauungsstörungen (Trommelsucht) zur Folge haben. Also unbedingt darauf achten, daß das zu verfütternde Grünzeug nicht nur frisch und sauber, sondern auch völlig trocken ist!

Trinkwasser brauchen die Tiere dennoch, und zwar um so mehr, je weniger Frischfutter sie erhalten. Am besten stellt man das Trinkgefäß jeden Tag nur eine Zeitlang in den Käfig, möglichst ein oder zwei Stunden nach der Grünzeug-Mahlzeit. Sicher ist sicher!

Zucht

Auch wenn kaum anzunehmen ist, daß ein frischgebackener Zwergkaninchenhalter gleich eine Zucht im großen Stil aufziehen will, kann einiges Grundwissen über den Ablauf der Kaninchenfortpflanzung sicherlich nichts schaden. Wie gesagt, man braucht sich in diesem Fall keine großen Gedanken über die Unterbringung des Nachwuchses zu machen. Die Gefahr, daß unser Zoogeschäft »die Annahme verweigert«, ist fürs erste gering.

Wer in kleinem Rahmen Kaninchen züchten will, sollte sich einen Rammler und gleich mehrere Häsinnen besorgen. Diese Form der Polygamie steigert den Ertrag und ist weder biologisch noch moralisch verwerflich. Junge Kaninchen werden ungefähr mit einem halben Jahr fortpflanzungsfähig. Nach einer Trächtigkeit von einem Monat kommen die Kleinen nackt, blind und hilflos zur Welt. Wenn die werdende Mutter aus Streu und ausgerupfter Bauchwolle ein Nest zu bauen beginnt, ist die Geburt nicht mehr fern. Auch nach dem Werfen erweist sich die Häsin als treusorgende Mutter, die es gar nicht schätzt, wenn sie in ihrer Kinderstube dauernd gestört wird. Sie kann durch Störungen so sehr irritiert werden, daß sie ihre eigenen Kinder auffrißt. Man beschränke sich also darauf, das Nest am zweiten Tag einmal kurz zu inspizieren, um eventuell tote oder schwächliche Junge zu entfernen. Das muß sein, denn ein allzu großer Wurf kann sich nicht richtig entfalten. Bis zur dritten Woche bleiben die Jung-Kaninchen im Nest, werden aber auch hinterher noch eine Zeitlang von der Mutter gesäugt. Spätestens im Alter von drei Monaten sollten die Kinder von ihrer Mutter Abschied nehmen und eine eigene Wohnung beziehen – bei uns oder andernorts, wo sie es gut haben.

Streifenhörnchen

Mit den Kaninchenzwergen des letzten Kapitels haben die Streifenhörnchen eines gemeinsam: Auch sie sind Spätankömmlinge und zugleich Senkrechtstarter im Heimtierreich. Vor zehn oder fünfzehn Jahren wußte kaum ein Experte, was ein Streifenhörnchen überhaupt ist – heute sieht man die Tiere in fast jeder zoologischen Handlung.

Ansonsten unterscheiden sie sich jedoch sehr stark von den Zwergkaninchen. Sie gehören nicht zu den Hasentieren, sondern zur weitverzweigten Sippschaft der Hörnchen *(Sciuridae)*, die nahezu über die ganze Welt verbreitet sind und deren bekanntester Vertreter unser heimisches Eichhörnchen ist. Hörnchen sind demnach, zoologisch betrachtet, Nagetiere im engeren Sinne.

Die allermeisten Streifenhörnchen, die hierzulande in die Käfige der Liebhaber gelangen, stammen aus dem Fernen Osten. Sie werden deshalb zuweilen auch mit zusätzlichen Herkunftsbezeichnungen als Japanische, Sibirische oder Asiatische usw. Streifenhörnchen angeboten. Auch der merkwürdige Name Burunduk wird hin und wieder verwendet. Das darf uns nicht verwirren, denn im allgemeinen handelt es sich dabei um ein und dieselbe Art, die den wissenschaftlichen Namen *Eutamias sibiricus* trägt.

Die Gefahr einer Verwechslung mit anderen kleinen Heimtieren besteht nicht: Streifenhörnchen sind in ihrem Aussehen und Verhalten unverkennbar. Ihr zierlicher, schlanker und geschmeidiger graubrauner Körper, der etwa 12–14 cm mißt, ist oberseits kräftig hell-dunkel längsgestreift und besitzt einen ungefähr ebenso langen buschigen Schwanz, in dem sich die aparte Streifenzeichnung fortsetzt. Auch das spitz zulaufende Köpfchen mit den verhältnismäßig großen Augen und den kurzen Stehohren weist auf beiden Seiten hübsche helle Streifen auf.

Streifenhörnchen sind sympathischerweise tagaktive Tiere, die morgens früh aufstehen und sich abends ziemlich früh zur Ruhe begeben. Letzteres ist nicht verwunderlich, wenn man einmal erlebt hat, mit welchem Temperament die Kobolde fast den ganzen Tag lang in Bewegung sind. Unermüdlich huschen sie in ihrem Haus umher, sie klettern, laufen und springen gleich gewandt hin und her, rauf und runter, kopfüber und kopfunter. Zwischendurch legen sie immer wieder eine kleine Pause ein und hocken sich mit leicht vorgebeugtem Oberkörper auf einen Ast, um einen Sonnenblumenkern mit den Vorderpfoten zum Mund zu führen oder um sich, fast nach Katzenart, ausgiebig zu putzen. Gleich darauf geht die wilde verwegene Jagd wieder weiter.

Man kann sich gar nicht satt sehen an diesem anmutigen Schauspiel, in dem sich Lebenslust, Akrobatik und Neugier zu einer unnachahmlichen Mischung vereinen. Ich stehe nicht an zu behaupten, daß von allen Heimtieren diese kleinen Hörnchen den ersten Preis für Schönheit und Eleganz verdienen. Wenn ich dann noch hinzufüge, daß diese Tiere wenig krankheitsanfällig, langlebig (ca. 8 Jahre), ausgesprochen reinlich und frei von jedem störenden Eigengeruch sind, sollte man eigentlich meinen, es könne für einen Tierfreund gar keinen besseren Hausgenossen geben als sie.

Zahmheit ist alles

Der letzte Satz stimmt nur unter einer Bedingung: Ein Streifenhörnchen gibt erst dann ein ideales Heimtier ab, wenn es einigermaßen zahm ist. Die Freude an ihm wächst um so mehr, je zahmer und zutraulicher es wird.

Die Richtigkeit und Wichtigkeit dieser These kann ich aus eigener Erfahrung bestätigen. Vor Jahren, als Streifenhörnchen noch eine große Seltenheit waren, habe ich mir zum erstenmal ein solches Tier gekauft, verführt durch seine bestechende Anmut und Munterkeit. Es bezog einen geräumigen Käfig, in dem es sich nach Herzenslust austoben konnte, bekam bestes Futter und wurde allseits bewundert und geliebt. Aber es vergalt die ihm entgegengebrachten Gefühle nur durch panische, enervierende Schreckhaftigkeit und rasende Fluchtbewegungen, gelegentlich auch durch Bisse in die ihm freundlich entgegengestreckten Finger. Das war kein Ausdruck von Bosheit oder Undankbarkeit, sondern die natürliche Reaktion eines verschreckten, verängstigten und wahrscheinlich vorher völlig falsch behandelten Lebewesens, das sich offenbar in seinem winzigen Gehirn geschworen hatte, keinem dieser mächtigen Zweibeiner zu trauen. Alles gute Zureden, alles menschliche Wohlwollen waren umsonst. Nach einigen Monaten der beiderseitigen Frustration habe ich dann den kleinen Unbezähmbaren wieder zu meinem Zoohändler zurückgetragen, mit einem ziemlich unguten Gefühl und in der festen Absicht, mich nie wieder mit einem Streifenhörnchen abzugeben.

Doch dann, vor einigen Monaten, kam »Schnäuzchen«, wie der neue Hausgenosse wegen seiner entzückenden Schnauzenpartie spontan getauft wurde. So lange hatte ich immerhin die seinerzeit gelobte Streifenhörnchen-Abstinenz durchgehalten. Doch bei »Schnäuzchen« konnte ich nicht mehr widerstehen. Seine Verspieltheit und menschenfreundliche Zutunlichkeit waren nicht zu übersehen und wurden mir überdies vom Verkäufer durch den (preistreibenden) Hinweis bestätigt, daß es sich hier um einen liebevoll aufgezogenen Sproß aus einer heimischen Zucht handelte.

»Schnäuzchen« war vom ersten Augenblick an zutraulich. Er kam sofort herbei, um mit seinen zierlichen Vorderpfoten Leckerbissen aus meiner Hand entgegenzunehmen, er stieg unbekümmert an meinen Beinen und Armen hoch, thronte auf meinem Kopf und sauste wie ein ausgelassenes Kind durchs Zimmer, turnte über Sessel und Tische, Vorhangstangen und Bilderrahmen und ließ sich am Ende der Spielstunde ohne Murren wieder einfangen und in seinen Käfig verfrachten.

Und die Moral von der Geschicht? Man achte beim Kauf unbedingt darauf, daß man ein wirklich zahmes oder leicht zähmbares Streifenhörnchen bekommt. Der Unterschied zwischen wild und zahm ergibt sich im allgemeinen aus der Herkunft der Tiere. Wildfänge, die aus fernen Landen und oft unter wenig erfreulichen Umständen eingeführt worden sind, verlieren ihre angeborene Scheu und Ängstlichkeit nur selten so vollständig, wie wir es uns wünschen, während bei uns (oder auch in Japan) gezüchtete Hörnchen von vornherein auf den Menschen geprägt und somit unseren Zähmungsversuchen weit zugänglicher sind. Äußerlich sieht man den Tieren ihr Vorleben leider nicht an; man muß sich schon auf das Wort des Verkäufers verlassen.

Der Unterschied der Herkunft bedingt allerdings auch, wie schon angedeutet, einen Unterschied im Preis. Importierte Exemplare sind etwas billiger als Zuchttiere. Aber die Mehrausgabe für ein Zuchttier macht sich in jedem Fall bezahlt durch die größere Freude, die wir an unserem quicklebendigen und bildhübschen Hausfreund haben.

Ich möchte damit freilich keineswegs ausschließen, daß sich auch ein Wildfang leidlich zähmen läßt, wenn man die Grundregeln beachtet, die auf Seite 26 f. zusammengestellt sind. Auch unter Streifenhörnchen gibt es unterschiedliche Charaktere und verschiedene Grade der Erziehbarkeit. Nur sind bei Wildfängen durchweg weit mehr Mühe und Geduld erforderlich, und nicht selten bleibt der Erfolg auch ganz aus.

Unterbringung und Verpflegung

Aus der Beschreibung des Streifenhörnchenverhaltens geht hervor, daß wir es hier mit sehr lauf-, kletter- und springfreudigen Tieren zu tun haben, die sich mit Vorliebe in der dritten Dimension, der Höhe, bewegen. Beim Kauf oder Eigenbau eines Hörnchenheims sollte man also darauf achten, daß die Höhe etwa 1 m beträgt. Für einen selbstgebastelten Käfig, der aus stabilen Holzlatten und kräftigem engmaschigem Drahtgeflecht schnell gezimmert ist, schlage ich folgende Abmessungen vor: Länge 70–80 cm, Breite 50–60 cm, Höhe 90–110 cm.

Noch schöner ist es, wenn man beispielsweise in eine Zimmerecke einen volierenartigen »Großraum« einbaut, der vom Fußboden bis zur Decke reicht (siehe Zeichnung). Das geht ganz leicht, weil man hier nur zwei Seitenwände in Form von drahtbespannten Holzrahmen einzupassen und mit Dübeln oben und unten zu befestigen braucht. Natürlich darf man nicht vergessen, in einen der beiden Rahmen eine Tür (ca. 50×100 cm) einzuarbeiten. Ansonsten sind bei einem solchen Bauwerk der

So eine »Voliere«, die mit geringem Aufwand in eine Zimmerecke eingebaut und mit Kletterbaum und Schlafkiste ausgestattet wird, ist für die bewegungsfreudigen Streifenhörnchen eine ideale Unterkunft.

Als »kleine Lösung« für die Unterbringung von Streifenhörnchen bietet sich ein stabiler hochformatiger Ganzmetallkäfig an. Auch hier dürfen selbstverständlich Klettergelegenheiten und Schlafbox nicht fehlen.

Phantasie und dem Erfindungsreichtum des Heimwerkers kaum Grenzen gesetzt. Diese »große« Lösung empfiehlt sich jedoch nur für wirklich zahme Bewohner, da unzahme Tiere allzu leicht entwischen könnten und dann sehr mühsam wieder eingefangen werden müßten.

Für Leute mit zwei linken Händen hat inzwischen auch die Industrie verschiedene praktische (freilich nicht ganz billige) Streifenhörnchenfertigheime auf den Markt gebracht. Wo solche Spezialanfertigungen nicht erhältlich sind, kann man notfalls auf größere, hochformatige Vogelbauer, vor allem Papageienkäfige, ausweichen. Man prüfe vor dem Kauf, ob die Verdrahtung eng genug ist. Der Abstand zwischen den einzelnen Gitterstäben darf allerhöchstens 15 mm betragen, denn sonst wäre es für jedes Streifenhörnchen ein Kinderspiel, sich zwischen den Drähten hindurchzuwinden. Die affenartige Geschicklichkeit und schlangenartige Gewandtheit der Hörnchen darf keinesfalls unterschätzt werden!

In jede Streifenhörnchenbehausung gehört ein stämmiger, verzweigter Kletterbaum, auf dem die Tiere am liebsten ihre Turnübungen und artistischen Kunststückchen vollführen. Der Baum wird nach den Maßen des Käfigs zurechtgestutzt und vor dem Einsetzen der Tiere so eingepaßt, daß die Zweigenden mit den Gitterwänden abschneiden. Man klemmt ihn von unten fest ein und sichert ihn, falls erforderlich, zusätzlich mit ein paar kleinen Krampen oder Nägeln, so daß er quasi im Raum schwebt und mit seinem unteren Ende den Käfigboden nicht unmittelbar berührt. Dadurch wird der wöchentliche Wechsel der Einstreu erheblich erleichtert, weil der Kletterbaum mitsamt dem Oberteil des Käfigs einfach von der Bodenschale abgehoben werden kann.

In einer großen Zimmervoliere kann man den entsprechend großen Baum natürlich auf den Boden stellen. Damit er nicht umfällt, stecken wir ihn in einen alten Christbaumständer oder befestigen ihn mit einer langen Holzschraube auf einem Brett (siehe Zeichnung). Es ist sogar möglich, ein eingetopftes lebendes Bäumchen in der Voliere unterzubringen. Man muß dann allerdings in Kauf nehmen, daß es von den Insassen übel zugerichtet werden kann.

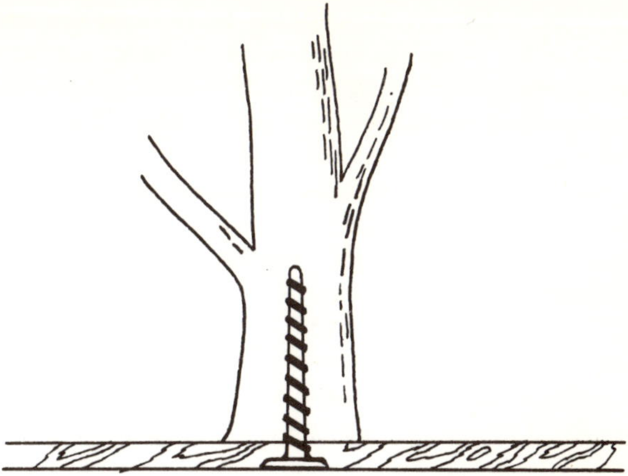

Die Bodenstreu, die für die scharr- und grablustigen Tiere unerläßlich ist, kann aus Erde, Torf, Sägemehl oder ähnlich preiswertem Material bestehen. Streifenhörnchen sind in dieser Hinsicht nicht anspruchsvoll. Wer sich die Freude machen will, die unterirdische Minierarbeit der Tiere zu beobachten, beschaffe oder baue sich einen unten verglasten Käfig (Terrarium) und fülle ihn mindestens 20 cm hoch mit Erde oder Torf an. Durch die Scheiben kann man dann zusehen, wie sich die Hörnchen mit Begeisterung und dem ihnen eigenen hektischen Tempo eingraben.

Was gehört sonst noch zur Einrichtung eines Streifenhörnchenheims? Vor allem eine Schlafbox, in die sich die Tiere regelmäßig jeden Abend zurückziehen. Eine Goldhamster-Schlafkiste (siehe Seite 37) oder auch ein Wellensittich-Nistkasten erfüllt diesen Zweck. Die Schlafgelegenheit kann auf den Boden gestellt oder, besser noch, oben im Käfig so aufgehängt werden, daß sie von einem Ast aus leicht zugänglich ist. Des weiteren brauchen wir noch zwei schwere, standfeste Näpfe für Futter und Trinkwasser.

Damit wären wir bei der Ernährung angelangt. Das Hauptfutter der Streifenhörnchen, das im wesentlichen aus diversen Sämereien und Nüssen besteht, kaufen wir am besten fertig abgepackt im Zoogeschäft. Die Herstellung einer eigenen Mischung lohnt sich nicht. Sie kommt womöglich teurer und enthält am Ende doch nicht alle Bestandteile, welche die Futterexperten der großen Spezialfirmen als notwendig erkannt haben. Streifenhörnchen sind genügsame, aber auch etwas wählerische Kostgänger. Ich kann das gut beobachten, wenn ich unser »Schnäuzchen« aus der Hand füttere: Sonnenblumenkerne und Erdnüsse zum Beispiel nimmt das kleine Leckermaul jederzeit und in fast unbegrenzter Menge – Streifenhörnchen haben nämlich ebenfalls »Hamsterbacken«, in denen sie Vorräte horten –, während es Maiskörner und Bucheckern verschmäht. Eine besondere Vorliebe hat es für zarte Butterstreusel entwickelt, die es allerdings nur ausnahmsweise bekommt, weil Süßigkeiten weder für Streifenhörnchen noch für andere Heimtiere eine geeignete Nahrung sind.

Als Beilage zum Standardmenü können wir alles verabreichen, was für die nötige Abwechslung sorgt: Obststückchen (Bananen, Trauben, Äpfel, Birnen usw.), gedörrte Früchte (Datteln, Feigen, Rosinen usw.), Grünzeug (Salat, Klee, Löwenzahn), frische Zweige, Knospen und Nadelbaumzapfen zur Befriedigung des Nagetriebs, ganze Haselnüsse, die mit Geschick aufgeraspelt werden, und hin und wieder ein paar Mehlwürmer.

Streifenhörnchen sind zwar keine großen Trinker, aber eine geeignete Flüssigkeit darf dennoch niemals fehlen. In diesem Punkt sind die Kleinen heikel. Am besten verwendet man abgekochtes Wasser, das möglichst täglich erneuert werden muß. Manche Kenner schwören auch auf leicht gesüßten schwarzen Tee oder auf ein Gemisch aus entrahmter Milch und Wasser. Man muß ausprobieren, was der jeweilige Hausgenosse am liebsten mag!

Zucht

Da hierzulande geborene Streifenhörnchen aus den bereits erwähnten Gründen besonders begehrt sind und auch höher im Preis stehen als Importe, liegt es nahe, daß sich jeder Halter gern auch einmal als Züchter bewähren möchte. Doch das ist keine ganz einfache Sache, denn sonst wäre das Angebot an Zuchttieren gewiß höher.

Die erste Schwierigkeit ergibt sich schon bei der Zusammenstellung eines ehewilligen Paares. Die Geschlechter sind schwer zu unterscheiden, und man verläßt sich am besten auf das Urteil eines Fachmanns (manchmal ist man allerdings dann schon verlassen!). Ferner kann es passieren, daß ein echtes Paar trotzdem nicht zusammenfindet, weil die Partner aus weit auseinanderliegenden Regionen stammen (Streifenhörnchen haben ja ein extrem großes Verbreitungsgebiet) und in ihren Paarungszeiten und -gewohnheiten nicht übereinstimmen.

Zweite Schwierigkeit: Eine Zucht gelingt im allgemeinen nur in einem sehr geräumigen Käfig, am ehesten noch in einer gut ausgestatteten Voliere, wo sich die Tiere gleichzeitig frei und geborgen fühlen.

Wenn man Grund zu der Annahme hat, daß eine Paarung stattgefunden hat – sie ist bisher nur sehr selten direkt beobachtet worden –, sollte man das Männchen ausquartieren und das Weibchen, das jetzt infolge seiner erwachten mütterlichen Instinkte besonders bissig und gefräßig wird, mit Nistmaterial (Wollreste, weiches Heu, Blätter usw.) versorgen.

Die Trächtigkeit dauert nach neueren Erkenntnissen ungefähr 30 Tage. Die drei bis fünf Kinder kommen nackt und blind zur Welt. Sie werden von der Mutter so liebevoll betreut, daß sie schon nach etwa zwei Monaten auf eigenen Füßen stehen und getrennt weiterverpflegt werden können.

Andere Hörnchenarten

Mancher Tierliebhaber, der nach alledem die Streifenhörnchen für recht anspruchsvolle Gesellen hält, könnte auf die Idee kommen, es doch lieber einmal mit einem anderen Vertreter der Hörnchenverwandtschaft zu versuchen. Immerhin stehen ja mehrere Hundert verschiedene Arten zur Auswahl. Vereinzelt werden auch in den Zoohandlungen mögliche Alternativen angeboten: Grau-, Palmen-, Borsten-, Flug-, Riesenhörnchen und wie sie alle heißen. Aber die Frage, ob diese raren exotischen Hörnchenarten weniger Aufwand und mehr Spaß machen als die niedlichen Streifenhörnchen, ist grundsätzlich mit nein zu beantworten. Die meisten sind empfindlicher, brauchen noch mehr Platz und lassen sich nur sehr schwer oder überhaupt nicht zähmen. Als Anfänger sollte man lieber die Finger davon lassen.

Und unser einheimisches Eichhörnchen? Nun, es kann, jung aufgezogen, ein reizender Spielgefährte werden – aber wo bekommt man schon auf legalem Wege ein kleines bildungsfähiges Eichhörnchenkind? Im Zoohandel sind sie, soweit ich sehe, schon seit langem kaum mehr zu haben, und wenn dort einmal ein Eichhörnchen auftaucht, handelt es sich um ein erwachsenes Tier, das kaum noch zahm wird und wegen seiner hektischen Wildheit in einem engen Käfig einen bedauernswerten Anblick bietet. Es paßt eigentlich gar nicht in einen Käfig, sondern benötigt eine sehr große Behausung (empfohlene Mindestmaße 1×1×2 m), wenn seine rasanten Bewegungen nicht zu einem monotonen Kreislauf entarten sollen. Das Eichhörnchenhaus sollte möglichst in einem Garten aufgebaut werden, aus stabilen Latten oder Eisenrohren und festem Maschendraht, der wenigstens 30 cm tief in den Boden hinabreichen muß, damit sich der Insasse nicht unten durchwühlen und auf Nimmerwiedersehen verschwinden kann.

Nein, auch unser lustiges Eichhörnchen ist alles andere als ein unproblematischer Hausgenosse – Ausnahmen bestätigen die Regel. Im übrigen ist es ein weitverbreiteter Irrtum, wenn man glaubt, einheimische Tiere seien leichter zu halten als exotische. Meist verhält es sich genau umgekehrt.

Es bleibt dabei: Wenn schon ein Hörnchen, dann ein Streifenhörnchen!

Weiße und bunte Mäuse

Viele Menschen, zumal weiblichen Geschlechts, halten sich entsetzt die Ohren zu, wenn sie nur das Wort »Maus« hören, und steigen karikaturreif auf Tische und Stühle, wenn sie gar eine leibhaftige Maus erblicken. Woher diese panische Angst vor einem harmlosen Tierchen kommt, ist mir bis heute unerfindlich geblieben. Denn es müßte doch eher umgekehrt sein: Die Mäuse haben allen Grund, die Menschen zu fürchten, die ihnen seit unvordenklichen Zeiten mit Fußtritten, Stöcken und Fallen zu Leibe rücken, wohingegen bisher noch kein Mensch von einer Maus attackiert worden ist. Wahrscheinlich liegt hier ein uraltes, mit abergläubischen Vorstellungen vermischtes Mißverständnis vor: Der zoologisch unbedarfte Mensch empfindet die blitzartigen Bewegungen einer unverhofft auftauchenden und ebenso rasch wieder verschwindenden Maus als unheimliche Bedrohung seiner eigenen schwerfälligen Größe. Er macht sich nicht klar, daß das Tier nur deshalb so hektisch und verstört reagiert, weil es bei der plötzlichen Begegnung mit dem in Mäusekreisen zu Recht unbeliebten Zweibeiner noch mehr erschrickt als dieser. Es fürchtet nicht ohne Grund um sein kleines Leben und flüchtet entsetzt in das nächstbeste Mauseloch oder allenfalls aus Versehen in ein Hosenbein oder unter einen Rock.

Mäuse in allen Variationen

Zur Beruhigung aller vorsichtigen Gemüter, die trotz allem ihre Mäusefurcht nicht ganz überwinden können, möchte ich gleich zu Anfang betonen, daß es uns hier nicht um die weithin verteufelte graue Hausmaus *(Mus musculus)* geht, die als Heimtier höchstens für Spezialisten in Betracht kommt. Bei den Mäusen, die in den Zoogeschäften für ein paar Mark verkauft werden, handelt es sich grundsätzlich um Zuchtrassen, die zwar die Hausmaus als Stammform nicht verleugnen können, sich aber in ihrem Aussehen und Wesen erheblich von ihr unterscheiden. Sie sind weitaus sanfter und zutraulicher, weil sie schon seit Jahrhunderten in der Obhut des Menschen leben und weitergezüchtet werden. Die schlimmen Erfahrungen, die ihre Vorfahren mit den Menschen machen mußten, haben sie längst aus ihrer Erinnerung getilgt.

Angefangen hat es offenbar bei den alten Chinesen. Sie haben als erste aus der Hausmaus vollkommen weiße Mäuse (Albinos) herausgezüchtet, die dann ihren Siegeszug um die ganze Welt antraten. Die »Weiße Maus« ist auch heute noch der Inbegriff der zahmen Maus. Diese unscheinbaren Geschöpfe haben als Laboratoriumstiere der Menschheit einen größeren Dienst erwiesen, als den meisten gedankenlosen Mausverächtern be-

wußt ist. Und vor der Entdeckung des Goldhamsters waren sie sicherlich die beliebtesten Heim- und Spieltierchen überhaupt.
Doch es muß nicht immer eine Weiße Maus sein. Seit langem gibt es eine Vielzahl sogenannter Farbmäuse, die sich gleichfalls von der Hausmaus herleiten, aber in ihrem sanftmütigen Naturell eher dem weißen Prototyp entsprechen. Wie schon der Name sagt, tragen diese aparten Zuchtformen farbige Fellchen, die fast wie Samt schimmern und die anzuschauen und anzufassen ein reines Vergnügen sind. Wir haben die Wahl zwischen einfarbigen, zweifarbigen und ausnahmsweise sogar dreifarbigen Ausführungen und zwischen allen Tönen, die man sich nur wünschen kann. Selbst so »unnatürliche« Farben wie Blau, Silber und Orange kommen vor.
Allerdings muß man oft lange suchen, bis man irgendwo ein solch ausgefallenes Maustier auftreibt. Überhaupt scheint die Mäusehaltung lange Zeit etwas aus der Mode gewesen zu sein. Daran ist, wie gesagt, vor allem der Goldhamster schuld, der mit seinem kometenhaften Aufstieg die Mäuslein von ihrem einstigen Spitzenplatz verdrängte. Doch ich habe den Eindruck, daß neuerdings Mäuse wieder häufiger in den Tierhandlungen anzutreffen sind. Auch das ist vielleicht eine Form der Nostalgie: die Wiederentdeckung eines Heimtiers aus der guten alten Zeit.

Unterbringung

Alle Mäuse, ob weiß oder farbig, machen dem Tierhalter das Leben leicht. Sie sind ausgesprochen billig in Anschaffung und Unterhalt, stellen kaum Ansprüche an ihre Unterkunft und Verpflegung, nehmen kleine Mißgriffe des Pflegers nicht gleich übel, werden nur sehr selten krank, beißen nicht (außer in allerhöchster Gefahr), erweisen sich als überaus possierlich, anhänglich und recht gelehrig, achten sehr auf Reinlichkeit und verbreiten nicht mehr Eigengeruch, als die Natur ihnen zugemessen hat.
Letzterer Punkt ist besonders wichtig, gilt es doch der landläufigen Meinung entgegenzutreten, daß Mäuse »stinken«. Nun ist freilich nicht zu leugnen, daß den Mäusen – wie übrigens allen Säugetieren, einschließlich des Menschen – ein bestimmter Ge-

ruch anhaftet. Das ist natürlich und wird von einem wahren Tierfreund keineswegs als unangenehm empfunden. Wenn aber ein Mäuseheim wirklich stinkt, so kann das nur daher kommen, daß es entweder zu viele Mäuse beherbergt oder zu wenig Pflege erhält. Mit anderen Worten: Wenn es stark »mäuselt«, liegt das nicht so sehr an den Mäusen, sondern vielmehr am Mäusehalter!

Da nun zweifellos die Gefahr besteht, daß die Mäusehaltung in Geruchsbelästigung ausartet, ist Sauberkeit oberstes Gebot. Aus diesem Gebot ergibt sich wiederum die Notwendigkeit, als Mäusewohnung einen möglichst handlichen und leicht zu reinigenden Behälter zu wählen. Holzkäfige oder -kisten scheiden von vornherein aus, weil sich der scharfe und für den Geruch verantwortliche Mäuseurin im Holz festsetzt und allen hygienischen Maßnahmen des Pflegers trotzt.

Auch komplizierte Metallgebilde mit vielen Ritzen und Fugen sind aus demselben Grund nicht sonderlich geeignet. Das trifft auch auf die handelsüblichen Hamsterkäfige zu, die außerdem für Mäuse vielfach nicht eng genug vergittert sind. Bleibt also nur die einfachste und preiswerteste Lösung: ein oben offener kastenförmiger Behälter aus (durchsichtigem) Kunststoff, der eine möglichst große Bodenfläche hat und mindestens 20 cm hoch ist. Derartige Behälter kann man in Haushaltsgeschäften oder Kaufhäusern für wenig Geld erstehen. Attraktiver und teurer ist ein Plastikaquarium aus der Zoohandlung, bei dem man jedoch darauf achten muß, daß die Wände im Vergleich zur Grundfläche nicht zu hoch sind. In einem überhohen Behälter staut sich die schlechte Luft, was weder den Mäusen noch unserer Nase bekommt. Doch auch hier kann man leicht Abhilfe schaffen, indem man in zwei aneinanderstoßende Seitenwände jeweils 10–20 größere Löcher bohrt, die die Luftzirkulation wesentlich verbessern. Mit einem Handbohrer oder einer elektrischen Bohrmaschine ist diese Locharbeit im Handumdrehen erledigt. Wer ganz sichergehen will, bastelt als Abdeckung noch einen mit engmaschigem Drahtgeflecht bespannten Holzrahmen. Das möchte ich insbesondere den Besitzern von Jungtieren anraten, denn im sogenannten »Flohalter« machen Mäuse oft große Sprünge.

Bei einem solchen schlichten und zugleich zweckmäßigen Mäuseheim ist das allwöchentlich mindestens einmal fällige Großreinemachen eine Kleinigkeit: Die verbrauchte Einstreu wird in den Mülleimer gekippt, der Kasten unter fließendem Wasser gründlich ausgewaschen und anschließend wieder ein paar Zentimeter hoch mit frischer Streu gefüllt. Als Streumaterial haben sich Hobel- oder grobe Sägespäne, Zellstoff, Holzwolle und geruchsbindende Katzenstreu am besten bewährt. Pulveriges, »staubiges« Material sollte man aus Rücksicht auf die feinen Mäusenasen vermeiden. Zusätzlich reicht man den Tieren etwas Polstermaterial (Stoffreste, Papierschnitzel, Moos, weiches Heu o. ä.) zur Ausstaffierung ihres Nestes, das sie in einer Ecke ihrer Behausung anlegen. Eine Schlafkiste wird gern angenommen, ist aber nicht lebensnotwendig.

Alle Mäuse halten sehr viel von körperlicher Betätigung. Doch in einem engen Behälter der hier beschriebenen Art sind ihrem Bewegungsdrang Grenzen gesetzt, selbst wenn ihnen ein Laufrad oder ähnliches Spielgerät zum Fitneßtraining zur Verfügung steht. Mäuse frei in der Wohnung umherlaufen zu lassen ist aus verschiedenen Gründen wenig empfehlenswert. Selbst leidlich zahme Tiere verkriechen sich schnell und bleiben dann oft auf Nimmerwiedersehen verschwunden. Sie richten sich beispielsweise hinter dem schwersten Eichenschrank häuslich ein und kommen nur hervor, wenn sie sich unbeobachtet fühlen und ungestört ihrem Nagetrieb frönen können. Manche Autoren empfehlen in dieser verfahrenen Situation die Herbeiziehung einer Katze, die auf ihre Weise dem destruktiven Treiben ein Ende setzen soll. Doch ein solches Ende ist sicherlich nicht ganz im Sinne des Mäusefreundes, der seine Tiere ja nicht als lebendes Katzenfutter angeschafft hat.

Die Mäuseburg

Es gibt zum Glück einen Ausweg aus diesem Dilemma, der den Mäuschen die Möglichkeit eröffnet, sich genügend Bewegung zu verschaffen und ihren Spieltrieb zum Ergötzen der Zuschauer in relativer Freiheit auszutoben. Ich meine die sogenannte »Mäuseburg«, die freilich mit einer echten Burg wenig gemein hat. Aber sie heißt nun mal so, und solange man sich nicht auf eine

treffendere Bezeichnung einigen kann, wollen auch wir den überlieferten Namen beibehalten, der noch aus einer Zeit stammt, als begeisterte Mäuseliebhaber für ihre Tiere ganze Stadt- und Festungsanlagen en miniature konstruierten.
Die neuzeitliche Mäuseburg ist dagegen ein sachliches, funktionelles Bauwerk, eine allseits offene, luftige und lustige Spiel- und Sportanlage, die selbst handwerklich Ungeübte im Handumdrehen erbauen können. Natürlich steht es dem passionierten Bastler frei, das Grundmodell durch allerlei Zutaten, wie Türmchen, Türchen, Treppchen, Laufgänge, Tunnel oder durch eine farbenfrohe Bemalung zum architektonischen Gesamtkunstwerk zu veredeln – oder zu verkitschen.

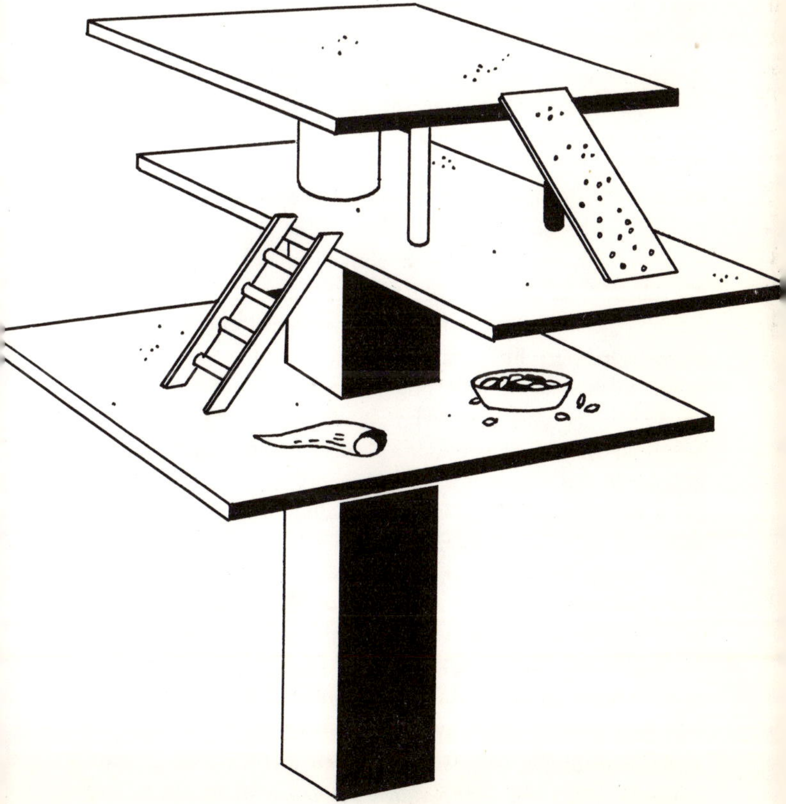

Wie sieht nun das Mäuseburg-Grundmodell aus? Es besteht aus zwei oder drei Brettern verschiedener Größe (billige Spanplatten tun's auch), die terrassenförmig übereinander angeordnet sind. Das größte Brett bildet die unterste Etage, die kleineren befinden sich darüber und sind jeweils durch Holzklötze oder auch durch leere Einmachgläser, Kaffeebüchsen oder Zigarrenkistchen voneinander getrennt. Man muß nur darauf achten, daß dieses Gebilde einigermaßen stabil ist und nicht beim ersten leichten Antippen in sich zusammenstürzt. Es ist also ratsam, die Etagenbretter und die Zwischenstücke durch ein paar Nägel oder etwas Leim miteinander zu verbinden. Wie das fertige Werk ungefähr beschaffen sein sollte, zeigt unsere Zeichnung: (siehe Zeichnung Seite 71).

Sehr wichtig ist jedoch, daß sich die unterste Etage mindestens 70–80 cm über den Boden erhebt und daß der Sockel, der sie trägt, so angebracht ist, daß die Mäuse ihn von ihrer Plattform aus nicht erreichen können. So wird mit Sicherheit verhindert, daß die Tiere das freistehende Bauwerk verlassen. Mäuse haben ein gutes Gefühl für Höhenunterschiede und wissen instinktiv, daß es gefährlich ist, sich aus einer Höhe von 70 oder 80 cm in die Tiefe zu stürzen. Meine dunkelbraune, mit einer weißen Bauchbinde verzierte Farbmaus, die, während ich dies schreibe, vergnügt zwitschernd auf mir und meinem Schreibtisch umhertrippelt, riskiert nicht einmal einen Sprung von einem 20 cm hohen Bücherstapel, geschweige denn vom Tisch selbst. Aber sie ist noch jung und unerfahren, und eine relativ große Sicherheitshöhe ist bestimmt besser als der Verlust einer einzigen tollkühnen Maus!

Doch zurück zur Mäuseburg. Die Verbindung zwischen den einzelnen Etagen wird durch Leiterchen, Treppchen, Pappröhren usw. hergestellt, die so angebracht und befestigt werden müssen, daß eine Maus nicht bei einer ungeschickten Bewegung mitsamt ihrer Trittunterlage in den Abgrund stürzen kann. Auf den Brettern selbst können wir allerlei Trimmgeräte aufstellen, Laufräder oder -rollen, Wippen, Schaukeln, Kletterstangen, und was dem Bastelfreund sonst noch einfällt.

Auf einer solchen Mäuseburg können die Nagerzwerge beweisen, daß weit mehr Temperament in ihnen steckt, als sie auf der

kleinen Bodenfläche ihres Käfigs zu entfalten vermögen. Sie laufen, klettern und turnen ausgezeichnet, und erst wenn wir ihnen mit einfachsten Mitteln ein ausgedehntes und vielgestaltiges Freigelände zur Verfügung stellen, können wir diese naturgegebenen Bewegungsabläufe genauer beobachten und studieren. Daß es überdies auch noch sehr viel Spaß macht, dem drolligen Treiben der Tiere zuzuschauen, versteht sich wohl von selbst.
Obgleich eine Mäuseburg eine ziemlich sichere Angelegenheit ist, tut man gut daran, die Mäuse zumindest am Anfang nur unter Aufsicht herumturnen zu lassen und sie nach Absolvierung ihres Trainingsprogramms wieder in den noch sichereren Behälter zurückzusetzen.

Ernährung

Bei keinem Heimtier ist die Ernährung so problemlos wie bei unseren Mäusen. Es gibt kaum etwas Freßbares, was diese bescheidenen Tiere nicht verspeisen oder wenigstens versuchsweise beknabbern. Sie sind ebenso naschhaft wie neugierig und müssen deshalb vor allen Nahrungsmitteln bewahrt werden, die verdorben oder verschimmelt sind oder gar giftig sein könnten. Aber im übrigen sind praktisch alle Küchenabfälle als Mäusefutter geeignet: Obstschalen, Gemüsereste, trockene Brotkanten, Käserinden, Zwiebackkrümel, Haferflocken, gekochter Reis usw. Auch ein bißchen Hackfleisch oder ein hartgekochtes Ei wird hin und wieder gern genommen.
Wie man sieht, ist es durchaus möglich, Mäuse ohne Zusatzkosten zu verpflegen. Dennoch sollte man ihnen nebenbei auch etwas »Besseres« gönnen. Ein Paket Fertigfutter, das in der Hauptsache verschiedene Körnersorten enthält, kostet nicht viel und reicht lange, wenn man pro Tag und Tier einen Teelöffel verabreicht. Wer einen Wellensittich oder Kanarienvogel hält, kann auch etwas Vogelfutter als Mäusenahrung abzweigen.
Trinkwasser darf niemals fehlen, vor allem dann nicht, wenn frisches Grünzeug knapp ist. Gerade bei Mäusen, die dazu neigen, die üblichen Näpfchen umzukippen oder heillos zu verschmutzen und zuzuscharren, ist ein kleiner Trinkautomat sehr angebracht. Eine besondere Schwäche haben viele Mäuse offenbar auch für (verdünnte) Milch.

Mäusezucht?

Daß ich diese Überschrift mit einem dicken Fragezeichen versehen habe, wird jedem einleuchten, der sich einmal die enorme Fruchtbarkeit der Mäuse vor Augen – und ihren ständig zunehmenden Geruch vor die Nase hält! Um zu ermitteln, wie viele Nachkommen aus einem einzigen Pärchen in wenigen Jahren hervorgehen können, braucht man schon einen Elektronenrechner.

Zur Information – und Abschreckung – nur ein paar Zahlenangaben: Mäuse werden bereits mit 4–6 Wochen geschlechtsreif, die Tragezeit dauert nur etwa 20 Tage, ein Wurf kann 15 und mehr Junge umfassen, und ein gutes Weibchen bringt es auf rund zehn Würfe im Jahr. Schon im ersten Jahr können also mehrere Generationen, die von einem Elternpaar abstammen, in den »Produktionsprozeß« eingreifen.

Das Fazit aus dieser Zusammenstellung muß lauten: Wer als Anfänger eine unkontrollierte Mäusevermehrung zuläßt, handelt verantwortungslos gegenüber den Tieren und seinen Mitmenschen. Denn die Tiere können kaum noch ordnungsgemäß betreut werden, und die Menschen der näheren Umgebung sind ständig in eine Wolke von Mäuseduft eingehüllt. Eine Zucht darf man nur dann betreiben, wenn man über entsprechende Räumlichkeiten und Einrichtungen verfügt, viel Erfahrung besitzt, mit ausgewählten Zuchttieren arbeitet und Verbindungen zu zuverlässigen Großabnehmern für den Mäusenachwuchs hat. Was soll aber der normale Mäusehalter machen, der diese Voraussetzungen nicht erfüllt? Er beherzige das alte Sprichwort, daß sich der Meister (und erst recht der Lehrling!) in der Beschränkung zeigt. Mäuse sind zwar Rudeltiere, welche die Geselligkeit lieben, aber sie fühlen sich auch bei Einzelhaltung durchaus wohl, sofern ihnen der menschliche Betreuer das fehlende Rudelgefühl durch liebevolle Anteilnahme ersetzt.

Wer sich nicht sehr viel mit seinem »Einzelkind« beschäftigen kann, darf natürlich auch zwei oder mehrere Mäuse des gleichen Geschlechts gemeinsam halten. Man sollte aber die Gesellschaft möglichst gleichzeitig einsetzen, da sich besonders in einer männlichen Mäusegruppe eine strenge Rangordnung ausbildet und später hinzukommende Mitbewohner vielfach nicht akzeptiert, ja sogar zu Tode schikaniert werden. Zu Raufereien wird es bei mehreren Tieren immer wieder kommen, doch im allgemeinen verlaufen sie harmlos und sind für den Pfleger kein Grund zur Aufregung.

Damit bei der Zusammenstellung der richtigen Mäusegesellschaft keine Pannen passieren, will ich abschließend noch einen kleinen Hinweis auf die Geschlechtsunterschiede anbringen. Bei jugendlichen Mäusen sind die jeweiligen Merkmale nicht sehr deutlich ausgeprägt und infolgedessen auch nicht leicht zu erkennen. Man suche nach den unter dem Fellchen verborgenen fünf Zitzenpaaren des Weibchens, beziehungsweise nach dem Glied des Männchens, das bei einem leichten Druck auf den Bauch hervortritt. Bei älteren Exemplaren ist die Unterscheidung einfach: Das weibliche Tier erkennt man an den Zitzen, das Böckchen an den etwa bohnengroßen Hoden, die unter dem Schwanzansatz sichtbar sind.

Andere Mäusearten

Die große Familie der Mäuse *(Muridae)* weist noch eine ganze Reihe von Arten auf, die sich für die Heimtierhaltung mehr oder weniger gut eignen – meist freilich weniger gut, zumal für den Anfänger.

Wenn man in einem Zoogeschäft einmal ein Maustier entdeckt, das augenscheinlich nicht zur Gruppe der Weißen oder Farbmäuse gehört, sollte man Zurückhaltung üben, denn es handelt sich in der Regel um Wildfänge, die zwar ebenso anspruchslos sind wie die genannten Zuchtformen, aber sich nicht so ohne weiteres zähmen lassen.

Eine Ausnahme von der Regel ist die sogenannte Tanzmaus, mit vollem Namen Japanische Tanzmaus, bei der wir es ebenfalls mit einer Zuchtform zu tun haben, die auf Umwegen aus der wildlebenden Hausmaus herausgekreuzt wurde. Man sieht diese winzigen gescheckten Mäuslein ziemlich regelmäßig in den Schaufenstern der Zoohandlungen, wo sie in einem kleinen Plastikbecken wie besessen um einen in der Mitte aufgestellten Pflock herumrennen oder -taumeln. Es gehört schon einige Phantasie dazu, diese drehwurmerzeugende Dauerbewegung als Tanz zu bezeichnen; sie wirkt eher stumpfsinnig und pathologisch als graziös. Auch der wohlklingende Name »Tanzmaus« kann uns nach diesem deprimierenden Anblick kaum noch zum Kauf animieren.

Unsere Vorbehalte lassen sich leicht begründen: Japanische Tanzmäuse sind kranke Tiere, denen der Mensch ihr Leiden künstlich angezüchtet hat. Sie haben einen vererbbaren Hirndefekt, der sie schon in frühester Jugend erblinden läßt und sie zudem zwingt, sich oft stundenlang im Kreis zu drehen.

Ob der Mensch jemals aufhört, solchen Unfug mit wehrlosen Lebewesen anzustellen, mag bezweifelt werden, solange es immer wieder Leute gibt, die diesen morbiden »Mäusetanz« schön finden. Ihnen möchten wir zugute halten, daß sie nicht wissen, was sie tun, wenn sie durch den Erwerb einer solchen Tanzmaus eine züchterische Perversität noch weiter fördern. Wir aber, die wir nunmehr Bescheid wissen, wären froh, wenn diese naturwidrige Züchtung wieder von der Bildfläche verschwände, und »drosseln« deshalb die Nachfrage, indem wir uns statt einer früh- und dauerinvaliden Tanzmaus eine kerngesunde Normalmaus zulegen, die überdies höchstens halb soviel kostet und viel unempfindlicher ist.

Wem jedoch eine schlichte Weiße Maus zu billig und zu »gewöhnlich« ist, der kann sein Glück mit einem anderen Vertreter der Mäusesippschaft versuchen, dessen Namen ich erst nennen will, nachdem ich den Leser schonend darauf vorbereitet habe. Ich denke dabei an ein Tier, das von Kennern als besonders reinlich, manierlich, sanftmütig, liebenswürdig, zutraulich und intelligent gerühmt wird. Der bekannte Verhaltensforscher Eberhard Trumler sagt von ihm, es sei »eines der gemütlichsten und freundlichsten Tiere, die ich kenne«. Dieses positive Urteil kann ich nur bekräftigen und füge hinzu, daß der schlechte Ruf, in dem das Tier allgemein steht, allein auf Vorurteilen und unzureichender Information beruht. Doch jetzt sollte ich wohl endlich die Katze aus dem Sack lassen: Das hochgelobte und tiefverachtete Tier heißt – Ratte!

Zur Beruhigung der Gemüter beeile ich mich zu ergänzen, daß ich selbstverständlich nicht die wildlebenden Ratten meine, die als Schädlinge und Seuchenüberträger mit Recht äußerst unbeliebt sind, sondern die aus der Wanderratte *(Rattus norvegicus)*

herausgezüchtete zahme Weiße Ratte, das allbekannte und verdienstvolle Versuchstier der wissenschaftlichen Laboratorien. Neben dieser Albinoform existieren – ähnlich wie bei den Mäusen – auch braun oder schwarz gescheckte Spielarten und die besonders hübschen Haubenratten (weiß mit dunklem Gesicht und Rückenstreifen). Als Heimtiere verdienen sie allesamt das Prädikat: sehr empfehlenswert.
In ihrer Haltung und Ernährung unterscheiden sich die Heimratten grundsätzlich nicht von den Weißen Mäusen, nur benötigen sie wegen ihrer Körpergröße (18–20 cm ohne Schwanz) eine etwas geräumigere Unterkunft.

Wüstenrennmäuse

Warum ich diesen Tieren, die doch in ihrem Namen das Wörtchen »Maus« enthalten, ein eigenes Kapitel widme, hat zwei gute Gründe: Erstens gehören sie, ihrem Namen zum Trotz, nicht zur Familie der echten Mäuse *(Muridae)*, sondern zu den Wühlern *(Cricetidae)*, stehen also den Hamstern näher; zweitens sind sie, obwohl noch wenig bekannt, als Heimtiere so wichtig und zukunftsträchtig, daß wir ihnen etwas mehr Platz einräumen müssen – in diesem Buch und erst recht in unseren Anschaffungsüberlegungen.
Die Wüstenrennmäuse, manchmal kurz Rennmäuse oder mit ihrem englischen Populärnamen auch Gerbils genannt, sind maus- bis rattengroße Nager, die in rund 50 Arten von der fernöstlichen Wüste Gobi bis Afrika vorkommen. Sie haben ein oberseits sandbraunes, unterseits weißliches glatthaariges Fell, kleine Stehohren, dunkle große Knopfaugen und einen langen behaarten Schwanz. Wenn man nicht genau hinsieht, könnte man glauben, eine gewöhnliche Maus oder gar einen Goldhamster vor sich zu haben.
Obgleich die Tierchen mit ihrer äußeren Erscheinung nicht allzuviel hermachen, stellen sie für den angehenden Heimtierhalter eine echte Alternative zu den altbewährten Hamstern, Mäusen und Meerschweinchen dar, weil sie so viele »innere« Vorzüge in sich vereinen wie kaum ein anderes Heimtier:

1. Wüstenrennmäuse sind extrem »pflegeleicht« und preiswert in der Haltung.
2. Sie sind ganz einfach zu ernähren und sparsam im Verbrauch.
3. Sie verbreiten keine unangenehmen Düfte, selbst wenn ihre Behausung wochenlang nicht gereinigt wird.
4. Sie werden rasch zahm und zeigen ihrem Pfleger gegenüber ein rührend zutrauliches Verhalten.
5. Sie sind tag- und nachtaktiv, das heißt, man kann sich jederzeit mit ihnen abgeben. Wenn sie sich selber überlassen sind, machen sie zwischendurch immer wieder ein längeres Nickerchen.
6. Sie haben eine robuste Konstitution und werden nur selten krank.

Ich erinnere mich, daß ich die ersten Wüstenrennmäuse meines Lebens vor mehreren Jahren in einer großen Londoner Tierhandlung erblickte und ziemlich ratlos vor dem Käfig mit der Aufschrift »Gerbils« stand, in dem sie sich tummelten. Ich war sehr versucht, mir ein paar Exemplare zu kaufen, habe es dann doch bleibenlassen, weil ich damals noch nicht wußte, was für unproblematische und reizvolle Pfleglinge diese Tiere sind. Zu Hause wollte ich mich möglichst umfassend über sie informieren, aber die meisten einschlägigen Bücher ließen mich schmählich im Stich, und nur in einigen wenigen fand ich höchst unzureichende Angaben. Doch bald darauf tauchten dann endlich auch bei uns die ersten Rennmäuse auf.

Ich habe diese Geschichte erzählt, um anzudeuten, daß die zumeist aus Asien stammenden Tiere auf dem Umweg über die angelsächsischen Länder zu uns gekommen sind. In Amerika waren sie schon lange populär, als sie hierzulande noch niemand kannte. Das erklärt auch, warum die Wüstenrennmäuse zunächst unter dem englischen Namen Gerbil gehandelt wurden. Gerbil ist allerdings ein ziemlich unscharfer Begriff, doch von den eingangs erwähnten 50 Arten, die so heißen, ist in aller Regel die Mongolische Wüstenrennmaus gemeint, die sich offensichtlich als Heimtier besonders gut bewährt hat und mittlerweile auch fern der Heimat überall nachgezüchtet wird.

Die Zucht ist zwar nicht ganz so einfach wie bei den Meerschweinchen und Goldhamstern, aber immerhin auch dem privaten Liebhaber möglich. Wenn die Tiere sich einmal richtig eingebürgert und in der Obhut des Menschen in größerem Stil vermehrt haben, werden sich vermutlich – wie bei den etablierten Haus- und Heimtieren – auch verschiedene Zuchtformen und Farbschläge entwickeln. Schon heute gibt es vereinzelt weiße Wüstenrennmäuse als vorläufige Krönung züchterischer Bemühungen.

Unterkunft und Ernährung

Meine beiden Wüstenrennmäuse bewohnen ein 80 cm langes Gestellaquarium, das aus Altersgründen als Fischbehälter nicht mehr taugt, und fühlen sich in ihm augenscheinlich pudelwohl. Das Becken enthält außer den Tieren nichts weiter als eine ca. 10 cm hohe Schicht aus feinem Sand, einen Futternapf und ein hölzernes Schlafhäuschen. So einfach ist die Wohnraumbeschaffung bei Rennmäusen.

Wer kein ausgedientes Aquarium besitzt, braucht deshalb nicht gleich zu verzweifeln, obwohl ein solches »Möbel« meines Erachtens das schlechthin ideale Rennmausheim abgibt. Doch die Tiere sind nicht verwöhnt. Sie nehmen mit jedem Behälter vorlieb, der eine große Bodenfläche hat und so stabil gebaut ist, daß die scharfen Nagezähne ihm nichts anhaben können. Weiches Holz und die leichten Geflechte aus kunststoffüberzogenem Draht werden garantiert durchgenagt und kommen darum als Baumaterialien nicht in Frage. Wannenförmige Plastik- oder Metallbehälter sind dagegen durchaus brauchbar. Die Wände müssen jedoch fest und ganz glatt sein, damit die ebenso kräftigen wie emsigen Zähnchen, die selbst mit dünnem Blech fertig werden, keinen Angriffspunkt finden. Die Seitenwände brauchen nicht übermäßig hoch zu sein (30–35 cm müßten genügen), da die Tiere nicht gut springen können, aber andererseits Wert auf frische Luft legen, die in einem relativ flachen Behälter eher Zutritt hat als in einem hohen. Doch nachdem eine meiner Rennmäuse das mir nach wie vor unerklärliche Kunststück fertiggebracht hat, ihr ungefähr 30 cm hohes Gehäuse zu verlassen, habe ich schließlich eine Abdeckung vorgesehen. Diese vorsorgliche Sicherheitsmaßnahme sei hiermit zur Nachahmung empfohlen.

Die Standard-Goldhamsterkäfige sind nur bedingt geeignet. Sie bieten den Tieren nicht sehr viel Auslauf, und die Bodenschale ist so niedrig, daß die wühl- und scharrfreudigen Bewohner jedesmal einen großen Teil des Bodenbelags durch die Gitterstäbe hinausbefördern. Ohne einen dicken Bodenbelag ist für Wüstenrennmäuse das Leben nur halb so schön. Je dicker er ist, desto besser. Man kann selbstverständlich irgendwelche Fertigstreu verwenden, doch naturgemäßer ist weicher Sand, denn die Tiere sind nun einmal Wüsten- und Steppenbewohner, die sich in ihrer Heimat in den sandigen Boden eingraben. Auch in der Gefangenschaft ist das »Sandeln« ihre Lieblingsbeschäftigung. Unermüdlich sind sie damit befaßt, den Bodengrund umzuschichten und zu Hügeln aufzuwerfen. Besonderes Vergnügen scheint es ihnen zu machen, den frischgefüllten Futternapf unter einem hohen Sandberg zu begraben.

Wenn man einen Behälter mit großer Bodenfläche dick mit Sand, zum Beispiel mit einfachem »unparfümiertem« Vogelsand, bedeckt, braucht man den Belag tatsächlich nur einmal im Monat vollständig zu erneuern. Der Sand bleibt trocken und (fast) geruchfrei, weil die Tiere kaum Flüssigkeit aufnehmen und demzufolge auch nur wenig Urin ausscheiden.

Damit wären wir bei der Ernährung. Bis heute gibt es, soviel ich weiß, noch kein fabrikmäßig hergestelltes Spezialfutter für Wüstenrennmäuse. Aber das käufliche Goldhamster-, Mäuse- oder Meerschweinchenfutter ist ein brauchbarer Ersatz, auch wenn nicht alle Bestandteile dieser Mischungen mit gleichem Genuß verspeist werden. Getreidekörner, Sonnenblumenkerne und Nüsse gehören auf jeden Fall zum Standardmenü. Hinzu kommen allerlei Beilagen: Salat, Löwenzahn, Klee, Möhren, Obst, Zwieback, Haferflocken, Hundekuchen usw. Zur Pflege des Nagergebisses sind harte Stoffe unerläßlich. Ab und zu reicht man den Tieren einen frischen Zweig, der mit Begeisterung in kürzester Zeit zu Kleinholz verarbeitet wird.

V. Oben: Eine solche Farbmaus ist ein hübsches und anspruchsloses kleines Haustier für jedermann. – Unten: Die drolligen Wüstenrennmäuse sind die bescheidensten Kostgänger, die man sich denken kann.

VI. Die Griechische Landschildkröte gilt seit Jahrzehnten als besonders »pflegeleichtes« Kindertier. Ihre sachgerechte Haltung erfordert jedoch weit mehr Kenntnisse und Sorgfalt, als allgemein angenommen wird.

Wir können bei der Fütterung ohne weiteres ein bißchen experimentieren. Da die Ernährungsgewohnheiten der Tiere noch nicht bis ins letzte erforscht sind, ist es durchaus möglich, daß man auf diese Weise eine neue Wüstenrennmaus-Leibspeise entdeckt. Doch vor Übertreibungen sei gewarnt: Die Tiere sind außerordentlich genügsam und können durch allzu reichlich spendierte Leckerbissen noch rundlicher werden, als sie schon von Hause aus sind.

Solange diese Wüstenbewohner regelmäßig frisches Grünzeug erhalten, ist Trinkwasser entbehrlich. Meine beiden Rennmäuse haben schon seit Monaten keinen Tropfen zu sich genommen, obgleich ich ihnen zwischendurch immer wieder ein Schälchen mit Wasser vorsetze. Sie zeigen für das köstliche Naß so wenig Interesse, daß man fast annehmen muß, sie wissen gar nicht, was Wasser ist und wozu man es benutzen kann. Doch eines schickt sich nicht für alle: Da ich nicht für das Verdursten einer einzigen Rennmaus verantwortlich sein möchte, empfehle ich trotz allem die Bereitstellung eines Trinkgefäßes, am besten eines praktischen Trinkautomaten.

Der Umgang mit Wüstenrennmäusen

Die Lebensgewohnheiten der Wüstenrennmäuse sind uns, wie gesagt, noch nicht in allen Einzelheiten bekannt; dazu war ihr Aufenthalt bei uns Menschen bis jetzt zu kurz. Eines steht jedoch fest: Es sind ungemein muntere und gesellige Tiere. Fast lautlos huschen sie auf dem Boden umher, ganz nach Urvätersitte der Wüstentiere. In ihren rasanten Bewegungen halten sie oft plötzlich inne, machen Männchen und beäugen prüfend die Umgebung – auch dies eine typische Verhaltensform des Wüstentiers, das in einer ringsum offenen, kahlen Landschaft lebt und stets auf der Hut sein muß. Ihre Neugier ist unbezwinglich, und ihr Forschungsdrang erstreckt sich auf alles, was ihnen neu oder fremd vorkommt. Doch Angst vor dem großen Menschen, dessen Erscheinungsbild in ihrem Verhaltensprogramm nicht vorkommt, scheinen sie nicht zu kennen. Nur bei jähen Bewegungen, vor allem wenn sie – wie ein herabstoßender Raubvogel – von oben kommen, erschrecken sie und flüchten in ihre

Schlafkabine, aus der sie freilich in der nächsten Sekunde schon wieder keß hervorlugen.
Das possierliche Treiben der Rennmäuse kommt erst richtig zur Geltung, wenn wenigstens zwei Tiere zusammenleben. Dann kann man häufig beobachten, wie sie miteinander spielen und sich mit geradezu menschlichen Gebärden betasten und umarmen. Doch es ist nicht immer pure Zärtlichkeit, die sich in diesen Körperkontakten ausdrückt. Bisweilen gibt es auch – zumal zwischen Böckchen – ernsthaften Streit, ja, es soll schon vorgekommen sein, daß Tiere einander umgebracht haben. Vorsichtshalber setzt man deshalb nur Jugendgespielen oder Wurfgeschwister zusammen, bei denen die latente Aggressivität über kameradschaftliche Balgereien nicht hinausgeht. Natürlich ist uns ein Pärchen besonders willkommen, denn gegen Nachkommen haben wir in diesem Fall nichts einzuwenden. Doch wie ich bereits in einem anderen Zusammenhang bedauert habe, ist es nicht leicht, die Geschlechter im frühen Jugendstadium zu unterscheiden.
Auf der anderen Seite legen wir jedoch großen Wert darauf, daß wir möglichst junge Tiere bekommen, nicht nur, weil sie sich sehr schnell an den Menschen anschließen, sondern auch, weil es kaum niedlichere Geschöpfe gibt als diese daumengroßen bepelzten Winzlinge. Man sollte die Kleinen so oft wie möglich in die Hand nehmen, was ihnen offensichtlich sehr behagt und das Band des Vertrauens zwischen Mensch und Tier festigt. Keinesfalls darf man dabei die Tierkinder am Schwänzchen hochheben, denn es könnte abbrechen, wenn man es am nötigen Zartgefühl fehlen läßt.
An dieser Stelle ist noch ein anderer wichtiger Hinweis angebracht, der die Tiere vor körperlichem Schaden bewahren soll: Wüstenrennmäuse haben, im Gegensatz zu den echten Mäusen, keinen Sinn für Höhenunterschiede, weil sie aus einem Lebensraum stammen, der gewissermaßen zweidimensional ist und keine nennenswerten Erhebungen aufweist. Das bedeutet für uns, daß wir die Tiere beispielshalber niemals auf einer Mäuseburg unterbringen oder auch nur auf einem hohen Tisch ohne Aufsicht umherlaufen lassen dürfen. Sie würden sich ohne Zögern über den Rand hinauswagen und in die Tiefe stürzen, weil

in ihrem Verhaltensrepertoire die den meisten Tieren einprogrammierte Angst vor gefährlichen Abgründen fehlt. Man kann das einfach und risikolos ausprobieren, indem man eine Rennmaus auf die Hand setzt und etwa einen halben Meter über den Käfigboden hebt: Das Tierchen purzelt prompt und reichlich ungeschickt hinab, und unten angekommen, wundert es sich sehr, wie ihm so etwas passieren konnte. Eine normale Maus würde in der gleichen Situation sich an die schutzgewährende Hand anklammern und allenfalls einen vorsichtig-abschätzenden Blick in die Tiefe werfen.

Schildkröten

Alle Heimtiere, die sich bisher vorgestellt haben, sind kleine Säugetiere, vom Fachmann kurz »Kleinsäuger« genannt, während die Schildkröten, denen wir uns jetzt zuwenden wollen, einer ganz anderen, stammesgeschichtlich älteren Tierklasse zugehören, den Reptilien oder Kriechtieren. Die Reptilien, die auch die Krokodile, Eidechsen und Schlangen umfassen, sind bei den Menschen im allgemeinen nicht sonderlich beliebt; sie gelten als kalt, häßlich, »glitschig« und »falsch«. Von diesen Charakterisierungen stimmt allenfalls eine: Reptilien sind tatsächlich »kalt« oder vielmehr wechselwarm, denn sie haben nicht wie die höherstehenden Säugetiere und wir selber eine konstante Körpertemperatur, sondern regulieren ihren Wärmehaushalt nach den Temperaturen ihrer Umgebung. Aber daß sie eine besondere Vorliebe für Kälte hätten oder Kälte ausstrahlten, ist ein weitverbreiteter Irrtum. Das Gegenteil trifft eher zu: Die allermeisten Reptilien mögen's heiß, weil sich erst bei höheren Temperaturen ihre Körperfunktionen und ihre angestammte Lebhaftigkeit voll entfalten können. Reptilien sind, von Ausnahmen abgesehen, ausgesprochene Sonnenanbeter.
Ich habe die Schildkröten an den Anfang gestellt, da diese Tiere noch am besten geeignet sind, die Vorurteile gegen das urtümliche Geschlecht der Reptilien abzubauen. Die meisten Menschen finden in der Tat Schildkröten ganz sympathisch und haben keine Scheu, ein solches plumpes Panzertier anzufassen und

in die Hand zu nehmen, wohingegen sie vor einer Schlange oder Echse entsetzt zurückweichen.

Schildkröten stehen in dem Ruf, besonders gemütlich, harmlos, robust und unempfindlich zu sein. Angeblich kann man bei diesen »primitiven« Viechern kaum etwas falsch machen. Deswegen werden sie bevorzugt kleinen Kindern, die ihren Eltern mit dem Wunsch nach einem Tier ständig in den Ohren liegen, als lebendiges Spielzeug in die Hand gegeben. Kaufentscheidend ist dabei vielfach die Tatsache, daß eine Schildkröte ja höchstens ein paar Mark kostet.

Tiere, die unter solchen Vorzeichen ihre Heimtierlaufbahn antreten, sind zu bedauern, und den Menschen, die so handeln, muß man sträfliche Ahnungslosigkeit, wenn nicht Schlimmeres, vorwerfen. Schildkröten kommen nur unter bestimmten Voraussetzungen als Spieltiere für Kinder in Betracht; mit einem Meerschweinchen oder einer Weißen Maus ist ein Siebenjähriger weit besser und »kindgerechter« bedient.

Überhaupt gehört das Thema »Schildkröten« zu den traurigsten Kapiteln der Heimtierhaltung. Das fängt schon damit an, daß diese Tiere – von raren Sonderfällen abgesehen – in Gefangenschaft nicht gezüchtet werden können (was prinzipiell ein Zeichen für mangelndes Wohlbefinden ist), sondern in großen Massen und oft unter entwürdigenden Umständen eingefangen und verfrachtet werden. In den Zoohandlungen werden sie dann kistenweise wie billige Wegwerfartikel angeboten. Das gilt insbesondere für die Griechische Landschildkröte *(Testudo hermanni)*, die bei weitem das Hauptkontingent ausmacht.

Die Griechische Landschildkröte ist ungeachtet ihres Namens in ganz Südeuropa verbreitet und wird zur Deckung des mitteleuropäischen Bedarfs von ungeübten und meist wenig tierfreundlichen Hirten- und Bauernjungen massenhaft eingefangen oder vielmehr wie Kartoffeln vom Boden aufgelesen. Damit beginnt das große Sterben. Die behäbigen, hilflosen Tiere werden einfach auf Lastwagen geschaufelt und sind dann tagelang unterwegs. Sehr viele erreichen ihren Bestimmungsort nur als Leiche und werden kurzerhand aussortiert und auf den Müllhaufen geworfen. Bei den Überlebenden geht das Sterben weiter; es wird durch eine zwar gutgemeinte, aber zumeist falsche

Behandlung nur künstlich verlängert. Hören wir uns einmal an, was Professor Konrad Lorenz dazu meint: »Unter der ›Haltung‹ eines Lebewesens im wissenschaftlichen Sinne verstehen wir den Versuch, seinen ganzen Lebenszyklus vor unsern Augen in einer engeren oder loseren Gefangenschaft sich abspielen zu lassen. Irreführenderweise werden jedoch zumeist solche Tiere als ›haltbar‹ bezeichnet, die eigentlich nur *zählebig* sind und, um es kraß auszudrücken, lange Zeit zum Sterben brauchen. Das klassische Beispiel für ein ›haltbares‹, tatsächlich aber nur zählebiges und durchaus nicht anspruchsloses Tier ist die Griechische Landschildkröte. Sie braucht zwar unter den üblichen Lebensbedingungen, die ihr von nichtsachverständigen Pflegern geboten werden, drei, vier und mehr Jahre, bis sie wirklich unwiderruflich und ganz tot ist, aber genaugenommen fängt sie vom ersten Tage der ›Haltung‹ zu sterben an. Um Landschildkröten so halten zu können, daß sie wachsen, gedeihen, lieben und sich vermehren, müssen Bedingungen geboten werden, die in den meisten Stadtwohnungen schwer oder nicht zu erfüllen sind.«

Dem ist nichts hinzuzufügen, höchstens dies: Wir haben an den millionenfach geschundenen Schildkröten vieles gutzumachen und sollten ihnen in Zukunft mehr Respekt bezeigen – jenen Respekt, auf den jedes lebende Wesen, ob hoch oder niedrig, Anspruch erheben kann. Vor allem aber sollten wir es uns gründlich überlegen, ehe wir uns ein solches Geschöpf ins Haus holen oder gar kleinen Kindern zur alleinigen Pflege anvertrauen.

Schildkröten – richtig gepflegt

Mit dem bisher Gesagten will ich den echten Tierfreunden die Schildkrötenhaltung keineswegs verleiden. Im Gegenteil: Die Griechische Landschildkröte ist und bleibt ein ebenso bescheidener wie liebenswerter Pflegling, nur muß man bei ihrer Pflege ihre natürlichen Lebensbedürfnisse berücksichtigen, soweit das in unseren Breiten überhaupt möglich ist. Mit einem Pappkarton, der in einer dunklen Zimmerecke oder auf dem kalten Betonboden des Balkons steht und mit ein paar vergammelten Salatblättern pro Tag ist es gewiß nicht getan.

Schildkröten sind Bewohner südlicher Regionen, wo es bekanntlich erheblich wärmer ist als bei uns. Das ist der wichtigste Punkt, den es zu beachten gilt. Erst wenn den Tieren tagsüber Temperaturen zwischen 20 und 30° C geboten werden, leben sie auf und widerlegen die oft gehörte Unterstellung, sie seien langweilig und stumpfsinnig. Nachts hingegen kann und sollte die Temperatur etwas absinken; das entspricht dem Lebensrhythmus, den sie in ihrer Heimat gewohnt sind.

Wie kann man nun den großen Wärmebedarf der Tiere decken? Im Sommer ist das kein Problem, weil dann die Sonne die notwendige Wärmeenergie kostenlos frei Haus liefert. Schildkröten sind Sonnenkinder, was freilich nicht heißt, daß man sie stundenlang in der prallen Sonne grillen soll. Ein Schattenplatz, den die Tiere jederzeit aufsuchen können, darf nie fehlen. Sehr günstig ist es, wenn der Tierhalter einen kleinen Garten sein eigen nennt. Dort können sich seine Schützlinge ständig aufhalten, solange es nicht gerade tagelang in Strömen gießt. Ein »Laufstall«, wie wir ihn auf Seite 88 beschreiben werden, ist auch für die Schildkröten eine ideale Sommerresidenz, sofern er einen schattenspendenden Unterschlupf enthält. Die Unterkanten müssen fest aufliegen.

Übrigens spricht nichts dagegen, daß die Panzerritter zusammen mit Meerschweinchen und/oder Zwergkaninchen einen solchen Auslauf bewohnen. Diese drei Tierarten vertragen sich ausgezeichnet, beziehungsweise haben, nüchterner ausgedrückt, kein Interesse daran, einander etwas zuleide zu tun. Allerdings darf man nicht glauben, daß eine Schildkröte von dem leben kann, was die Weide ihr bietet.

Doch was soll man in den kühleren Jahreszeiten tun, die in unseren Breiten ärgerlicherweise ziemlich lange dauern? Hier gibt es zwei Möglichkeiten und eine Unmöglichkeit. Fangen wir mit der leider oft praktizierten Unmöglichkeit an: Man läßt die Tiere frei in der Wohnung umherlaufen und bedenkt nicht, daß es gerade auf dem Fußboden am kältesten ist und am meisten zieht. Doch Fußkälte und Zugluft sind Gift für Schildkröten. Außerdem besteht die große Gefahr, daß die langsamen Tiere doch einmal von einer Tür eingeklemmt oder von einem Menschenfuß getreten werden. Der Schildkrötenpanzer ist keineswegs so stabil, wie er aussieht und viele Leute offenbar annehmen. Er gewährt den Tieren zwar leidlichen Schutz gegen ihre natürlichen Feinde (andere Verteidigungswaffen besitzen sie ja nicht), nicht aber gegen rohe oder ungeschickte Behandlung durch den Menschen. Jeder stärkere Stoß, Schlag oder Druck ist für die Tiere sehr schmerzhaft und sollte darum vermieden werden. Weil Kinder das nicht immer einzusehen vermögen, sind Schildkröten auch nur sehr bedingt als Kindertiere geeignet.

Doch nun zu den beiden positiven Möglichkeiten: Ein guter Standort für ein Schildkrötenheim ist ein breiter, niedriger Heizkörper, der dafür sorgt, daß es die Tiere immer warm genug haben. Das wäre die erste und simpelste Möglichkeit. Wo eine passende Heizung fehlt oder sich für die Aufstellung eines Behälters nicht eignet, muß man auf andere Weise für die gewünschte Wärme sorgen, zum Beispiel durch eine 60-Watt-Glühbirne, die das Tier oder die Tiere von oben herab beleuchtet und gleichzeitig erwärmt. Die Lampe muß natürlich den ganzen Tag über brennen und so niedrig (ca. 50 cm) angebracht sein, daß die Schildkröten auch wirklich genug von der belebenden Wärme abbekommen. Besser (und wesentlich teurer) als normale Glühbirnen sind Parabollampen, die sowohl Licht als auch sehr viel Wärme abgeben. Diese zweite Möglichkeit, die »Lampenlösung«, hat noch einen weiteren Vorteil: Man kann hin und wieder in die Lampenfassung einen Infrarotstrahler einschrauben und jeweils ein paar Stunden brennen lassen, was den Tieren sehr gut bekommt. Eine zusätzliche kurzfristige Bestrahlung mit UV-Licht (Heizsonne) aus größerer Entfernung kann niemals schaden.

Wie soll nun das Schildkrötenheim selbst aussehen? Ideal wäre selbstverständlich ein richtiges großes Terrarium, wie es im Fachhandel in verschiedenen Ausführungen erhältlich ist. Das ist freilich ein sehr teurer Spaß.

Aber es geht auch billiger, etwa mit einer großen flachen Holzkiste oder Plastikwanne. Mit etwas Geschick kann man sogar eine alte Babybadewanne, die irgendwo auf dem Speicher verstaubt, als Schildkrötenheim herrichten. Wenn die Seitenwände etwas höher sind, als der Insasse lang ist, werden Fluchtversuche mit ziemlicher Sicherheit unterbunden. Leben jedoch mehrere Tiere beisammen, muß man einen etwas höheren Behälter wählen oder eine Abdeckung vorsehen, denn die scheinbar plumpen und dummen Schildkröten bringen es ohne weiteres fertig, wie die Bremer Stadtmusikanten übereinander zu steigen und so das Weite zu suchen.

Als Bodenbelag nehmen wir groben Sand oder Kies, der in einer dicken Schicht ausgebreitet wird. Ein großer Behälter mit einer Grundfläche von etwa 150×100 cm läßt sich mit geringem Aufwand in eine attraktive Miniaturlandschaft verwan-

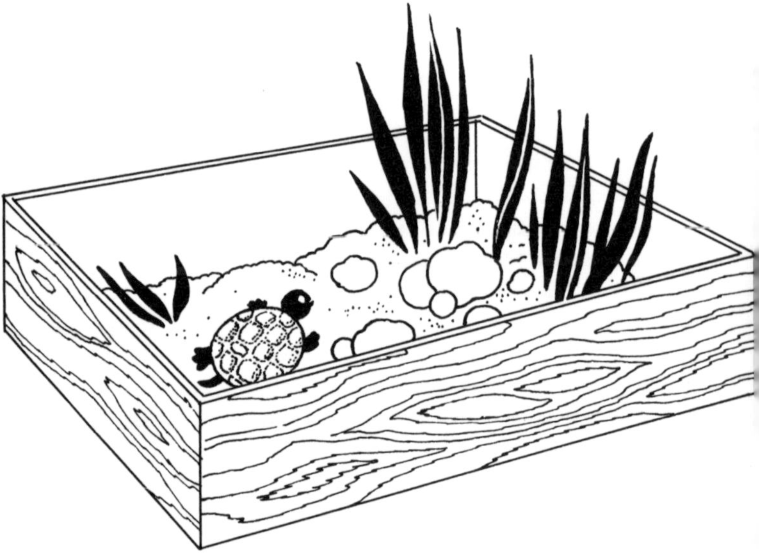

deln. Dazu benötigt man nur ein paar dicke Feldsteine und Steinplatten oder einen bizarren Astknorren. Sogar eine harte Pflanze (Kirschlorbeer, Sansevieria, Agave usw.) kann man einsetzen, und zwar in einem Topf, der mit Kies und Steinen gut kaschiert wird. Damit der »naturgetreue« Gesamteindruck nicht gestört wird, verwenden wir statt des üblichen Trinknapfs eine flache Asbestschale oder eine aus Zement modellierte Mulde, die in Form und Farbe zum Bodengrund paßt. Doch Vorsicht bei scharfen Kanten: Sie können die Haut und den Bauchpanzer der Tiere verletzen!

Für das Grünfutter benutzen wir eine kleine Raufe, die an einer Seite leicht anzubringen ist. Nur Leckerbissen und Spezialitäten werden in einem Napf serviert.
Daraus ergibt sich bereits, daß die Hauptnahrung der Schildkröten aus Grünzeug besteht. Salat in allen Variationen wird mit größter Wonne verspeist, darf aber niemals das einzige Futter sein. Löwenzahn und andere Wiesenkräuter, die selbstverständlich nicht durch Insektizide vergiftet sein dürfen, sind eine wertvolle, vitaminreiche Ergänzung, weil sie im allgemeinen mehr Sonne abbekommen haben als der Treibhaussalat. Aber auch viele andere Dinge, die in jedem Haushalt anfallen, können für Abwechslung im Speiseplan sorgen: Tomaten, Gurken, Gemüse, Bananen, Äpfel, Birnen oder Möhren, alles mundgerecht kleingeschnitten. Schildkröten sind zwar vorwiegend Vegetarier, verachten aber fleischliche Genüsse nicht. Ein mageres Hackfleischbällchen, etwas geschabte Leber, ein paar Regenwürmer, Schnecken oder Mehlwürmer werden ab und zu gern genommen.
Für das Wohlbefinden der Schildkröten ist es entscheidend wichtig, daß sie genügend Vitamine und Kalk (zum Aufbau der Schale) mitbekommen. Vor allem in der sonnenarmen Zeit sollte man in regelmäßigen Abständen ein paar Tropfen eines Multivitaminpräparats und eine Prise Kalkpulver (zum Beispiel Vitakalk) unter das Lieblingsfutter mischen. Aber nicht übertreiben: ein Zuviel ist genauso schädlich wie ein Zuwenig. Den Kalkbedarf kann man übrigens auch mit Sepiaschalen decken, wie sie für Stubenvögel in jeder Zoohandlung zu haben sind, oder mit lebendigen Gehäuseschnecken, falls sie gefressen werden.

Überwinterung

Der Winter ist für Schildkröten eine schwierige Zeit. In ihrer Heimat ziehen sie sich in der kalten Jahreszeit zum Winterschlaf zurück. Sie verkriechen sich rechtzeitig in einem frostfreien Versteck und setzen ihre Körperfunktion auf ein Minimum herab.
Wenn das schon im warmen Süden geschieht, müßte der Win-

terschlaf im kalten Mitteleuropa noch viel notwendiger sein. Dennoch ist die Frage, ob man einer Heim-Schildkröte ihre Winterruhe gönnen soll, auch in Fachkreisen weidlich umstritten. Doch wenn ich die Meinungen der Experten zusammenrechne, ergibt sich seltsamerweise eine kleine Mehrheit, die auf die Frage nach dem Winterschlaf mit einem bedingten Nein antwortet. Dieser Mehrheit möchte ich mich hier ebenfalls anschließen.

Die Gefangenschaftshaltung bedeutet für die Tiere einen schwerwiegenden Eingriff in ihre natürlichen Lebensabläufe. Es ist in unserem herben Klima unmöglich, Schildkröten aus südlichen Landen ganzjährig im Freien zu halten und es ihnen selbst zu überlassen, wann und wo sie ihren Winterschlaf antreten wollen. Er würde weit länger als ein halbes Jahr dauern, und das würden die Schildkröten nicht lebend überstehen. Uns bleibt nichts anderes übrig, als die Tiere ins warme Haus zu holen, wenn die Nachttemperaturen unter 15° C absinken. Im Haus, in einem wohnlich eingerichteten Terrarium, liegen die Temperaturen ziemlich konstant bei 20° und darüber, so daß die Tiere gar nicht das Bedürfnis verspüren, sich zur Ruhe zu begeben, weil der witterungsabhängige Auslöser fehlt.

Die »künstliche« Unterbindung des Winterschlafs kann allerdings die Lebensdauer der Tiere verkürzen. Doch das ist nicht weiter tragisch – zumindest aus der Perspektive des Menschen –, da Schildkröten viele Jahrzehnte alt werden können. Ich sage absichtlich »können«, denn meistens läuft die Lebensuhr der Heim-Schildkröten schon nach wenigen Jahren ab – und das ist in der Tat tragisch.

In einer exakten statistischen Untersuchung über das Verhältnis von Schulkindern zu Schildkröten, die Professor Paul Müller in der Zeitschrift »Das Tier« veröffentlicht hat, stehen die erschreckenden Sätze: »Weit mehr als die Hälfte der Landschildkröten, die in die Bundesrepublik eingeführt werden, sind bereits tot, wenn das erste Jahr zu Ende geht, und nach dem zweiten sogar 82,81 v. H. Eine Haltung von fünf Jahren ist schon als besondere Leistung zu werten, obwohl die Tiere hundert Jahre und noch älter werden können.«

Wer das liest, muß sich ernstlich fragen, ob die Griechische

Landschildkröte überhaupt als Heimtier geeignet ist. Mit wahrhaft tödlicher Sicherheit ist sie nicht das »pflegeleichte« lebende Kinderspielzeug, als das man sie immer noch hinstellt.

Doch da wir nun einmal ein solches Tier in unsere unzulängliche Obhut genommen haben, müssen wir das heikle Problem der Überwinterung irgendwie klären. Ich schlage nach eingehenden Überlegungen folgende Lösung vor: Wer seine Schildkröte in einem geeigneten Behälter und im beheizten Zimmer pflegt, ihr abwechslungs- und vitaminreiches Futter bieten kann und sie außerdem jede Woche ein paar Minuten lang mit UV-Licht bestrahlt, sollte auf die Einwinterung lieber verzichten. Wer hingegen diese wesentlichen Voraussetzungen nicht erfüllen kann, hält das Panzertier ungefähr im Oktober etwas kühler, bis es Anzeichen von Wintermüdigkeit zeigt und unverkennbare Anstalten macht, sich einzugraben. Die Schildkröte, die vorher besonders gut gefüttert worden ist, erhält jetzt keine Nahrung mehr und wird in lauwarmem Wasser, das ihr nur bis zum Bauch reichen darf, gründlich gebadet, damit sie ihren Darm vollständig entleert. Das ist sehr wichtig, denn sonst entstehen in den Eingeweiden Fäulnisprozesse, die den vorzeitigen Tod herbeiführen können. Das gut präparierte Tier kommt danach in eine Holzkiste, die bis oben mit feuchter Erde, Herbstlaub, Moos oder Torfmoos (nicht mit Sand oder Sägemehl!) locker gefüllt ist. Hier bereitet sich der Winterschläfer sein Ruhelager. Zum Schutz vor Ratten und Mäusen, die sich leider gern an schlafenden Schildkröten vergreifen, wird die Kiste anschließend mit einem Deckel verschlossen. Natürlich muß Luft Zutritt haben; wenn das Holz nicht genügend Ritzen und Spalten aufweist, bohren wir zusätzlich ein paar größere Luftlöcher ein. Die Kiste gehört in einen dunklen, frostfreien Kellerraum, dessen Temperatur andererseits aber auch nicht über ca. 5° C ansteigen darf. Die Benutzung eines Thermometers kann nichts schaden. Im Frühjahr, spätestens im März, wird der Dauerschläfer wieder hervorgeholt, lauwarm gebadet und in der Sonne oder im warmen Zimmer allmählich wieder ans Futter gewöhnt. Das dauert oft ein paar Tage.

Anzumerken bleibt noch, daß junge oder schlecht ernährte Tiere die monatelange Futterpause weniger gut überstehen als ausgewachsene und beleibte. Das sollte man bei der Entscheidung für oder gegen den Winterschlaf ebenfalls berücksichtigen.

Andere Schildkrötenarten

Ich kann verstehen, daß ein passionierter Tierfreund gerne einmal eine andere Schildkrötenart pflegen möchte als die allbekannte Griechische Landschildkröte, von der bislang ausschließlich die Rede war. Sofern er noch Anfänger ist, hat er indes leider kaum eine andere Wahl. Allenfalls kann ich ihn an die Maurische Landschildkröte (*Testudo graeca*) verweisen, die der Griechischen sehr ähnlich sieht und sich im wesentlichen nur durch das breite, ungeteilte Randschild über dem Schwanzansatz von ihr unterscheidet. Die Maurische Art – Lateinkenner sollen sich durch das *graeca* (= griechisch) im wissenschaftlichen Namen nicht irritieren lassen – verlangt ungefähr die gleiche Pflege wie die Griechische Landschildkröte, ist jedoch etwas empfindlicher, vor allem wenn sie aus Nordafrika kommt. Sie gelangt verhältnismäßig selten in den allgemeinen Zoohandel und kostet dementsprechend etwas mehr.

Alle anderen Landschildkröten sollten dem Fortgeschrittenen vorbehalten bleiben. Sie sind nicht nur erheblich teurer, sondern stellen auch höhere Ansprüche an Unterbringung, Temperatur und Ernährung.

Und was ist mit den Wasserschildkröten, diesen kleinen Dingern, die zuweilen gleich dutzendweise in den Becken der Zoohandlungen umherpaddeln? Auch hier möchte ich dem Neuling vom Kauf abraten, obwohl ich weiß, daß man dem Anblick der nur fünfmarkstückgroßen Schildkröten, die meist auch nicht viel mehr als fünf Mark kosten, nur sehr schwer widerstehen kann. Für alle leicht Verführbaren, die meine apodiktische Aussage nicht akzeptieren wollen, muß ich mich wohl etwas genauer erklären:

Bei den verlockenden Geschöpfen handelt es sich durchweg um junge, vielfach allzu junge Exemplare der amerikanischen Rotwangen-Schmuckschildkröte (*Pseudemys scripta elegans*), die zunächst sehr anfällig sind, aber dann, wenn sie die Eingewöhnungsphase heil überstanden haben, sehr rasch heranwachsen und schließlich mehr als 25 cm lang werden. Dabei verlieren sie zunehmend ihre hübsche bunte Färbung und sehen am Ende ziemlich langweilig graugrün aus. Doch das wäre noch nicht so schlimm. Mehr ins Gewicht fällt der Umstand, daß diese Wasserschildkröten ein sehr geräumiges (und kostspieliges) Gestellbecken verlangen, das als Aquaterrarium eingerichtet werden muß. Aquaterrarium heißt zu deutsch etwa »Wasser-Land-Behälter«, es besteht also aus einem (größeren) Wasser- und einem (kleineren) Landteil. Als Tropenkinder benötigen die Tiere ferner eine thermostatgesteuerte Heizung fürs Wasser und eine wärmespendende Lampe für den Landaufenthalt. Da sie sich, zumal in der Jugend, vorwiegend von fleischlicher Kost ernähren, die nicht immer leicht zu beschaffen ist, und sie überdies recht gefräßig sind, muß das Wasser mindestens einmal in der Woche vollständig erneuert werden, falls es sich nicht in eine stinkende Brühe verwandeln soll. Ein Wasserschildkrötenfan, der seine Schützlinge nicht verkommen lassen will, kann die Hälfte seiner freien Zeit mit Wasserschöpfen, Reinigungsarbeiten und Futterbeschaffung verbringen! Und das ist wahrhaftig nicht jedermanns Geschmack.

Dornschwänze

Überhaupt tut sich der Anfänger mit Reptilien ziemlich schwer. Die vielen hübschen Eidechsen, die der Zoohandel in mehr oder weniger großer Auswahl vorrätig hat, sind fast ausnahmslos Sonnenkinder mit Schattenseiten. Das ist ganz wörtlich zu verstehen: Eidechsen brauchen, um auf die Dauer gesund und munter zu bleiben, sehr viel Sonne, die wir ihnen in unserem durchwachsenen Klima nicht in ausreichendem Maße bieten können. Um dieses Manko auszugleichen, muß der pflichtbewußte Halter einigen technischen Aufwand treiben, der ganz schön ins Geld geht. Ein zweckmäßig eingerichtetes Terrarium mit Bodenheizung und Speziallampe ist nun einmal die Vorbedingung für eine erfolgreiche Eidechsenpflege. Doch selbst dann sind Verluste häufiger als bei den viel problemloseren Kleinsäugern. Das ist die erste Schattenseite.

Und die zweite? Nun, praktisch alle Eidechsen sind Fleischfresser, die sich zudem auf lebende Beute spezialisiert haben. Nahrung, die sich nicht bewegt, wird von ihnen nicht wahrgenommen und folglich auch nicht gefressen. Man muß also schon tagtäglich lebende Heuschrecken, Grillen, Fliegen, Würmer usw. in größeren Mengen herbeischaffen. Mehlwürmer, die man in jedem Fachgeschäft portionsweise kaufen kann, sind als alleiniges Dauerfutter nicht geeignet, ganz abgesehen davon, daß sie zusätzlich unseren Geldbeutel arg strapazieren.

Schließlich sei noch ein dritter Minuspunkt erwähnt. Zu Reptilien läßt sich kaum der persönliche Kontakt herstellen, auf den es den meisten Tierfreunden gerade ankommt. Man kann mit einer Eidechse nicht spielen und schmusen wie mit einer Maus oder einem Meerschweinchen, und Zahmheit ist und bleibt für sie ein Fremdwort.

Aber ich möchte den Reptilienfreund, der über die Haltung der Griechischen Landschildkröte hinausgewachsen ist, dennoch nicht ganz leer ausgehen lassen. Für ihn weiß ich eine Eidechse, der man nachrühmen kann, daß ihr von den obengenannten Minuspunkten allenfalls einer anzukreiden ist. Soweit ich das vielgestaltige Reich der Reptilien überblicke, ist dies tatsächlich das einzige Terrarientier, das aus der Sicht des Anfängers so wenig Schwierigkeiten macht. Es heißt Dornschwanz – ein Name, der trotz alledem kaum bekannt ist und auf den Uneingeweihten eher abstoßend wirkt. Doch ich versichere ihm, daß die so benannten Tiere sich für die Einübung in die Terrarienliebhaberei weit besser eignen als die vielen Reptilien mit sympathischeren und vertrauteren Namen, die man deswegen irrtümlicherweise auch für anspruchsloser und unproblematischer hält.

Genau besehen gibt es noch eine zweite Echsenart, mit der ich ähnlich gute Erfahrungen gemacht habe – den Grünen Leguan aus Mittel- und Südamerika. Leguane sind reizende Pfleglinge, aber sie werden ungewöhnlich groß (150 cm und mehr) und werden anscheinend aus Gründen des Naturschutzes kaum noch eingeführt.

Dornschwanzporträts

Da ich mir darüber im klaren bin, daß nur wenige Leser sich

unter einem Dornschwanz etwas vorstellen können, muß ich ihn wohl etwas eingehender beschreiben.

Zoologisch betrachtet, existieren zwei verschiedene Dornschwänze, die aber in ihrem Aussehen, ihrem Verhalten und ihren Heimtierqualitäten einander so sehr ähneln, daß wir sie hier getrost als Einheit behandeln dürfen. Die erste Art, von den Fachleuten als Veränderlicher oder Afrikanischer Dornschwanz (*Uromastyx acanthinurus*) bezeichnet, kommt aus Nordafrika zu uns und trägt, wie schon der Name sagt, ein veränderliches Schuppenkleid. Die Grundfarbe, die zwischen Graubraun und Schwarz schwankt, wird durch bunte Muster belebt, die ins Gelbliche, Grüne, Blaue oder Orangerote spielen. Die zweite Art, der Indische Dornschwanz (*Uromastyx hardwickii*), stammt aus Vorderindien. Sie ist ziemlich einheitlich gelblichgrau gefärbt, hat aber zum Ausgleich für sein schlichtes Gewand eine etwas schlankere und elegantere Gestalt.

Beide Arten werden über 30 cm lang, haben einen seltsam plattgedrückten Leib, einen dicken Kopf mit kleinen verschmitzten Augen und breitem Maul sowie einen imponierenden »Dornschwanz«, der aus wirtelförmig angeordneten dicken Hornstacheln besteht. Der Schwanz wird zwar in freier Wildbahn als Verteidigungswaffe eingesetzt, aber einen Menschen vermag er weder zu schrecken noch zu verletzen. Im übrigen haben die Dornschwänze auch gar kein Interesse daran, ihrem menschlichen Betreuer weh zu tun, denn sie sind von Natur aus sanftmütige, gemütliche Gesellen, die rasch zahm und zutraulich werden und damit Minuspunkt Nummer eins hinfällig machen. Ich brauche nur die Frontscheibe meines Terrariums aufzuschieben, und schon kommt mein Dornschwanz (er gehört zur »veränderlichen« Sorte) herausspaziert und klettert auf meine Hand. Das unterscheidet ihn wohltuend von seinen Mitinsassen, mit denen er trotz seiner Körpergröße in voller Eintracht lebt. Die urtümlich wirkenden Dornschwänze sind zwar, mit Menschenaugen gesehen, keine auffallenden Schönheiten, aber sie haben den Reiz des Besonderen und Ungewöhnlichen. Vor allem jedoch sind sie liebenswerte Hausgenossen, mit denen man etwas »anfangen« kann. Sie lassen sich gerne streicheln und kraulen, aus der Hand füttern und zwecks ausgedehnter kör-

perlicher Kontaktaufnahme aus ihrem Behälter herausnehmen. Sie sausen dann nicht, wie die meisten anderen Eidechsen, wie ein geölter Blitz davon und gestalten das Wiedereinfangen nicht zu einer aufregenden Hetzjagd, sondern steigen vertrauensvoll und ohne Hast auf Möbelstücken oder auf ihrem menschlichen Betreuer herum.
Ich hoffe, daß es mir mittlerweile gelungen ist, möglichst viele Leser von den Vorzügen der Dornschwänze zu überzeugen. Wer sich für die Anschaffung eines solchen Tiers entscheidet, sollte noch folgendes wissen: Dornschwänze sind nicht ständig, doch ziemlich häufig im Handel. Neuerdings scheinen sie allerdings in größerer Zahl importiert zu werden, was darauf schließen läßt, daß sich ihre guten Eigenschaften allmählich herumsprechen.

Unterkunft und Verpflegung

Einen Minuspunkt haben wir bereits als erledigt abgehakt, doch wie steht es mit den beiden anderen?
An ihre Unterbringung stellen die Dornschwänze keine großen Anforderungen. Die Anschaffung eines regelrechten Terrariums ist zwar wünschenswert, aber nicht unbedingt nötig. Da die Tiere weder springen noch »die Wände hochgehen« können, genügt zur Not ein oben offener Behälter aus Holz, Metall oder Kunststoff. Eine ausreichend große Bodenfläche ist wichtig, weil die Tiere ja nicht gerade klein sind und sich trotz ihres geruhsamen Lebensstils gerne ein wenig die kurzen Beine vertreten.
Auf den Boden kommt eine mindestens 10 cm dicke Schicht aus Sand oder einem Sand-Erde-Gemisch, die mit Steinen und eventuell ein paar harten Pflanzen dekoriert wird. Das entspricht den natürlichen Umweltbedingungen der Dornschwänze und gibt ihnen außerdem die Möglichkeit, ihrem stark ausgeprägten Grab- und Wühltrieb zu frönen.
Auf eines können wir jedoch nicht verzichten, wenn wir an unseren Schützlingen lange Freude haben wollen – auf eine zusätzliche Beheizung der Dornschwanzwohnung. Zimmertemperaturen genügen auf keinen Fall. Am besten kombiniert man eine Bodenheizung mit einer Lampe, welche die Luft im Behälter erwärmt.

unter einem Dornschwanz etwas vorstellen können, muß ich ihn wohl etwas eingehender beschreiben.

Zoologisch betrachtet, existieren zwei verschiedene Dornschwänze, die aber in ihrem Aussehen, ihrem Verhalten und ihren Heimtierqualitäten einander so sehr ähneln, daß wir sie hier getrost als Einheit behandeln dürfen. Die erste Art, von den Fachleuten als Veränderlicher oder Afrikanischer Dornschwanz (*Uromastyx acanthinurus*) bezeichnet, kommt aus Nordafrika zu uns und trägt, wie schon der Name sagt, ein veränderliches Schuppenkleid. Die Grundfarbe, die zwischen Graubraun und Schwarz schwankt, wird durch bunte Muster belebt, die ins Gelbliche, Grüne, Blaue oder Orangerote spielen. Die zweite Art, der Indische Dornschwanz (*Uromastyx hardwickii*), stammt aus Vorderindien. Sie ist ziemlich einheitlich gelblichgrau gefärbt, hat aber zum Ausgleich für sein schlichtes Gewand eine etwas schlankere und elegantere Gestalt.

Beide Arten werden über 30 cm lang, haben einen seltsam plattgedrückten Leib, einen dicken Kopf mit kleinen verschmitzten Augen und breitem Maul sowie einen imponierenden »Dornschwanz«, der aus wirtelförmig angeordneten dicken Hornstacheln besteht. Der Schwanz wird zwar in freier Wildbahn als Verteidigungswaffe eingesetzt, aber einen Menschen vermag er weder zu schrecken noch zu verletzen. Im übrigen haben die Dornschwänze auch gar kein Interesse daran, ihrem menschlichen Betreuer weh zu tun, denn sie sind von Natur aus sanftmütige, gemütliche Gesellen, die rasch zahm und zutraulich werden und damit Minuspunkt Nummer eins hinfällig machen. Ich brauche nur die Frontscheibe meines Terrariums aufzuschieben, und schon kommt mein Dornschwanz (er gehört zur »veränderlichen« Sorte) herausspaziert und klettert auf meine Hand. Das unterscheidet ihn wohltuend von seinen Mitinsassen, mit denen er trotz seiner Körpergröße in voller Eintracht lebt. Die urtümlich wirkenden Dornschwänze sind zwar, mit Menschenaugen gesehen, keine auffallenden Schönheiten, aber sie haben den Reiz des Besonderen und Ungewöhnlichen. Vor allem jedoch sind sie liebenswerte Hausgenossen, mit denen man etwas »anfangen« kann. Sie lassen sich gerne streicheln und kraulen, aus der Hand füttern und zwecks ausgedehnter körperlicher Kontaktaufnahme aus ihrem Behälter herausnehmen. Sie sausen dann nicht, wie die meisten anderen Eidechsen, wie ein geölter Blitz davon und gestalten das Wiedereinfangen nicht zu einer aufregenden Hetzjagd, sondern steigen vertrauensvoll und ohne Hast auf Möbelstücken oder auf ihrem menschlichen Betreuer herum.

Ich hoffe, daß es mir mittlerweile gelungen ist, möglichst viele Leser von den Vorzügen der Dornschwänze zu überzeugen. Wer sich für die Anschaffung eines solchen Tiers entscheidet, sollte noch folgendes wissen: Dornschwänze sind nicht ständig, doch ziemlich häufig im Handel. Neuerdings scheinen sie allerdings in größerer Zahl importiert zu werden, was darauf schließen läßt, daß sich ihre guten Eigenschaften allmählich herumsprechen.

Unterkunft und Verpflegung

Einen Minuspunkt haben wir bereits als erledigt abgehakt, doch wie steht es mit den beiden anderen?

An ihre Unterbringung stellen die Dornschwänze keine großen Anforderungen. Die Anschaffung eines regelrechten Terrariums ist zwar wünschenswert, aber nicht unbedingt nötig. Da die Tiere weder springen noch »die Wände hochgehen« können, genügt zur Not ein oben offener Behälter aus Holz, Metall oder Kunststoff. Eine ausreichend große Bodenfläche ist wichtig, weil die Tiere ja nicht gerade klein sind und sich trotz ihres geruhsamen Lebensstils gerne ein wenig die kurzen Beine vertreten.

Auf den Boden kommt eine mindestens 10 cm dicke Schicht aus Sand oder einem Sand-Erde-Gemisch, die mit Steinen und eventuell ein paar harten Pflanzen dekoriert wird. Das entspricht den natürlichen Umweltbedingungen der Dornschwänze und gibt ihnen außerdem die Möglichkeit, ihrem stark ausgeprägten Grab- und Wühltrieb zu frönen.

Auf eines können wir jedoch nicht verzichten, wenn wir an unseren Schützlingen lange Freude haben wollen – auf eine zusätzliche Beheizung der Dornschwanzwohnung. Zimmertemperaturen genügen auf keinen Fall. Am besten kombiniert man eine Bodenheizung mit einer Lampe, welche die Luft im Behälter erwärmt.

VII. Der urtümlich wirkende Dornschwanz gehört zu den wenigen Reptilien, die auch ein Anfänger mit Erfolg und Gewinn pflegen kann. Das harmlose Tier ernährt sich nämlich vorwiegend vegetarisch und wird rasch zutraulich.

VIII. Der Laubfrosch ist ein altbewährtes Heimtier, das keine großen Ansprüche stellt. Seine Schönheit und sein interessantes Verhalten kommen jedoch nur dann richtig zur Geltung, wenn man ihm eine geräumige und zweckmäßig eingerichtete Unterkunft zur Verfügung stellt.

Als Bodenheizung kommt ein Heizkabel oder – besser noch – eine Heizplatte in Frage. Wie diese praktischen Geräte, die im Zoofachhandel erhältlich sind, aussehen, zeigt unsere Zeichnung:

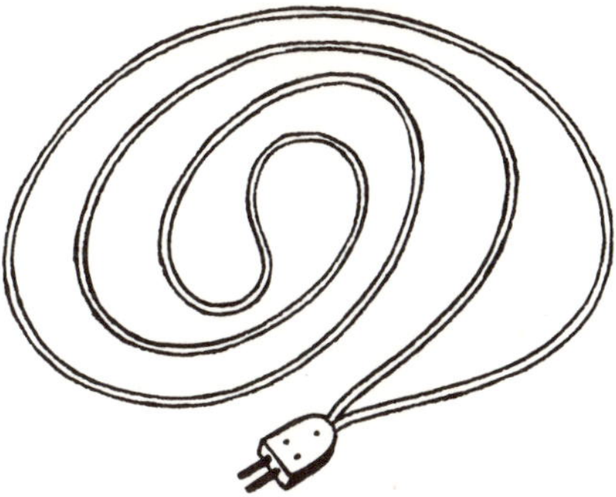

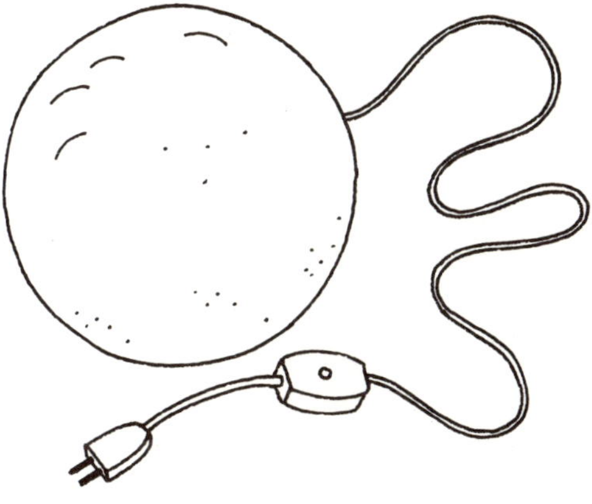

Das Kabel oder die Platte wird im Sandboden eingebettet und sorgt für die von den Tieren sehr geschätzte »Fußwärme«, die an den betreffenden Stellen ohne weiteres auf 35° C und mehr ansteigen darf. Eine massive Heizplatte ist günstiger, weil ihr die scharrenden Dornschwanzfüße nicht viel anhaben können. Sie wird einfach flach hingelegt und mit einer dicken Sandschicht bedeckt.

Mit dem Heizkabel verfährt man ähnlich: Es wird in nicht zu engen Windungen und ohne Knicke (wichtig!) verlegt, mit einer dünnen Eternitplatte entsprechender Größe gesichert und anschließend ebenfalls einige Zentimeter hoch mit Sand zugedeckt. Man kann das Kabel auch mit ein paar Krampen auf einem Brett befestigen – aber bitte so, daß die Plastikummantelung nicht beschädigt wird!

Diese speziell für Terrarien entwickelten Bodenheizungen müssen den ganzen Tag über in Betrieb sein und werden nur während der Nacht abgeschaltet. Sie sind wartungsfrei, wasserdicht, funktionieren jahrelang einwandfrei und verbrauchen nur sehr wenig Strom (eine Leistung von 20–30 Watt dürfte im allgemeinen ausreichen).

Man kann die Stromkosten senken und außerdem den Tieren einen Gefallen tun, wenn man ihr Haus im Sommer ins Freie stellt. Die Sonne wirkt sich stets positiv auf das Allgemeinbefinden aus, auch bei bedecktem Himmel. Sie spendet nicht nur sichtbares Licht und fühlbare Wärme, sondern auch unsichtbare ultraviolette Strahlen, die für den Vitaminhaushalt der Reptilien von großer Bedeutung sind. Bei starker direkter Sonneneinstrahlung muß man jedoch den Tieren unbedingt ein Schattenplätzchen bieten und darauf achten, daß sie nicht durch Überhitzung oder Stickluft in ihrem geschlossenen Behälter Schaden leiden. In den kalten Jahreszeiten dient die gelegentliche Bestrahlung mit einer UV-Lampe als Sonnenersatz.

Zugegeben, in der Frage der Unterbringung konnten wir bei unseren Dornschwänzen die Schattenseite nicht ganz unterschlagen, doch dafür gibt es bei der Ernährung wieder einen dicken Pluspunkt. Die Dornschwänze gehören nämlich zu den ganz wenigen Vegetariern der Eidechsensippschaft, und daß Pflanzenkost sehr viel leichter herbeizuschaffen ist als lebende Futtertiere, haben wir inzwischen wohl eingesehen. Die Tiere nehmen, wenn sie einmal eingewöhnt sind, alles mögliche Grünzeug (Löwenzahn, Klee, Huflattich, Kopf- und Endiviensalat usw.) und daneben mundgerecht zerkleinertes Obst, Möhren-, Gurken- und Tomatenscheiben, ja sogar Erbsen, Reis und Sämereien. Am begehrtesten ist komischerweise unser ordinärer Löwenzahn, von dem man nicht nur die saftigen Blätter, sondern auch und vor allem die Blüten verfüttern sollte. Für die gelben Blütenköpfe – und überhaupt für die Farbe Gelb – haben die Tiere offensichtlich eine besondere Vorliebe, und diese sind auch das beste Mittel, einen nahrungsverweigernden oder mäkligen Dornschwanz zum Fressen zu verführen.

Das Nahrungsangebot muß reichhaltig und so vielfältig wie möglich sein. Deshalb reichen wir den Tieren hin und wieder auch ein paar lebende Mehlwürmer, die gerne mit der dicken roten Zunge aufgetupft und verspeist werden. Auch in der Tierwelt sind Vegetarier nicht immer ganz konsequent ...

In der sonnenarmen Zeit ist eine abwechslungs- und vitaminreiche Ernährung entscheidend wichtig. Um Gesundheitsschäden vorzubeugen, erhalten die Dornschwänze, ähnlich wie die Schildkröten, in regelmäßigen Abständen kleine Vitamin- und Kalkbeigaben. Obwohl die Tiere als Bewohner dürrer Steppen- und Halbwüstenlandschaften keine großen Trinker sind, darf ein Schälchen mit frischem, sauberem Wasser nie fehlen. Sehr gern mögen sie es auch, wenn ihr Gehäuse und sie selber ab und zu mit lauwarmem Wasser fein besprüht werden. Hinterher lecken sie dann mit sichtlicher Wonne die feinen Tröpfchen von den Steinen und Pflanzen ab. Diese Form der Flüssigkeitsaufnahme scheint ihnen überhaupt mehr zu liegen als das Trinken aus dem Napf.

Frösche

Die kleine Überschrift »Frösche« markiert den Übergang zu einer neuen Tierklasse: Nach den Säugern und Reptilien sind jetzt die Amphibien an der Reihe.

Die Amphibien, auf deutsch Lurche genannt, verdanken ihren Namen dem griechischen Wort »amphibios«, das soviel wie doppellebig bedeutet. Sie führen tatsächlich ein Doppelleben, denn sie bewohnen teils das Wasser, teils das feste Land. Das gilt jedenfalls für die überwiegende Mehrzahl der Amphibien, die durch ihre Fortpflanzung ans Wasser gebunden sind und ansonsten als »Feuchtlufttiere« außerhalb des nassen Elements leben.

Diese Wanderer zwischen zwei Welten stehen zwar wegen ihrer »Schlüpfrigkeit« und unberechenbaren Sprunghaftigkeit in keinem besonders guten Ruf – es gibt sogar Leute, die sich vor ihnen ekeln –, aber für den Heimtierhalter, auch für den Anfänger, sind einige Arten hochinteressante und dankbare Pfleglinge. Wer seine Scheu vor den kalten, glitschigen Amphibien nicht völlig abstreifen kann, muß nicht verzweifeln: Er braucht ja seine Tiere nicht anzufassen – das mögen sie sowieso nicht. Ganz umsichtige Pfleger tauchen sogar ihre Hände kurz in kaltes Wasser, bevor sie die empfindliche Haut ihrer Amphibien berühren.

Der Laubfrosch

Wer Frosch sagt, meint in der Regel den Laubfrosch (*Hyla arborea*), jene schmucken, munteren, quakfreudigen Tiere, die früher jedes Kind aus eigener Anschauung kannte. Heutzutage ist sein Anblick leider selten geworden, woran freilich nicht die Heimtierhalter schuld sind, sondern wir alle, die wir es zulassen, daß unsere Naturlandschaft immer mehr durch Technik und Umweltverschmutzung verschandelt wird. Deshalb mußte auch der einst allgegenwärtige Laubfrosch unter Naturschutz gestellt werden. Die verhältnismäßig wenigen Tiere, die in die Zoogeschäfte gelangen, sind Importe aus südlichen Ländern, wo ihre Bestände vorerst noch nicht bedroht sind. Beim Erwerb eines solchen Exemplars kommt man zwar nicht mit dem Gesetz in Konflikt, aber man sollte seinen Kaufentschluß davon abhängig machen, daß man seinem künftigen Hausgenossen optimale Lebensbedingungen bieten kann. Wir können es uns heute nicht mehr leisten, diese hübschen Tiere als leicht ersetzbare Massenartikel zu behandeln.

Noch etwas ganz anderes ist vor dem Kauf zu überlegen: Die kleinen »Froschmänner« sind lautstarke Burschen, und ihr beharrliches Quaken kann der gesamten Familie die Freude an dem drolligen neuen Pflegling rasch verleiden – von dem Ärger mit den Nachbarn ganz zu schweigen. Männliche Laubfrösche erkennt man an der Schallblase, die im Ruhezustand an der Kehle als bräunlich-gelbes Häutchen sichtbar ist. Lärmempfindliche Froschfans entscheiden sich also für ein Weibchen, das nicht quakt und infolgedessen auch keine Schallblase besitzt. Seine Kehlhaut ist weißlich.

Ein Laubfrosch braucht nicht viel zum Glücklichsein. Aber etwas mehr als das einstmals gängige Einmachglas sollte man ihm schon zubilligen. Aus der Zeit, als die Fröschchen noch zu Tausenden und aber Tausenden in solchen, nur mit der obligaten Leiter ausgestatteten Glasgefängnissen leben mußten, stammt übrigens ihr falscher Ruhm als »Wetterpropheten«. Doch in Wahrheit zeigt ein Laubfrosch, der auf der obersten Leitersprosse hockt, kein gutes Wetter an, sondern nur schlechte Haltungsbedingungen. Anders ausgedrückt: Das Tier versteht von Wettervorhersagen noch weniger als die vielbespöttelten Meteorologen, und es steigt nur deshalb nach oben, weil unten im engen Glas die Luft so miserabel ist, daß nicht einmal ein Frosch es darin aushalten kann.

Das Einmachglas scheidet also aus, es sei denn, es fasse mindestens vier oder fünf Liter und habe eine entsprechende »Bauchweite«. Doch selbst dann ist es alles andere als eine ideale Unterkunft, denn ein Laubfrosch verlangt nicht nur frische Luft, sondern auch viel Bewegungsspielraum für seine Hüpf- und Kletterübungen. Wer es sich leisten kann, kaufe seinem Hausgenossen ein hübsches Terrarium oder wenigstens ein geräumiges Plastikbecken, das mit einem Gaze- oder Fliegendrahtdeckel ausbruchssicher verschlossen wird. In die Mitte der Abdeckung bohren wir ein Loch von ca. 1 cm Durchmesser, durch das die Futtertiere eingelassen werden.

Eine Heizung braucht der Frosch nicht, wohl aber viel Feuchtigkeit. Sie ist ihm ein Lebensbedürfnis, denn nur mit ihrer Hilfe kann seine sensible Haut atmen. Die notwendige Feuchtigkeit erzielen wir durch ein stets feucht zu haltendes (aber nicht faulendes!) Moospolster und durch ein Schälchen, das immer sauberes Wasser zum Trinken und Baden enthalten muß. Frösche sind in dieser Beziehung sehr anspruchsvoll; sie legen mehr Wert auf Reinlichkeit und Hygiene, als man diesen »primitiven« Geschöpfen zutraut. Wenn Moos Mangelware ist, kann man ersatzweise eine »Bodenmatte« aus feinporigem Schaumstoff nehmen, die paßgerecht zugeschnitten und wie das Moos täglich mit leicht temperiertem Wasser überbraust wird. Schaumstoff wirkt

zwar nicht so naturgetreu, hat aber den großen Vorteil, daß er nicht verfaulen kann und praktisch unbegrenzt haltbar ist, wenn man ihn alle paar Tage gründlich auswäscht.
Zur Inneneinrichtung des Froschhauses gehören ferner irgendwelche Kletter- und Sitzgelegenheiten. Lebende Pflanzen (zum Beispiel eine Tradeskantie) machen sich gut, leben aber leider nicht lange. Doch auch hier gibt es eine brauchbare Ersatzlösung: frische Zweige. Sie werden am besten mit ihrem unteren Ende ins Wassergefäß gestellt, damit sie länger frisch bleiben und nicht so oft ausgewechselt werden müssen. Wer partout nicht auf das traditionsreiche Froschleiterchen verzichten will, soll es ebenfalls hineinstellen. Den Fröschen ist das ziemlich egal – sie kennen keine Ressentiments!
Wie man sieht, ist die Beschaffung und zweckmäßige Einrichtung einer Froschbehausung mit einfachsten Mitteln und wenig Geld zu bewerkstelligen. Im Grunde muß man nur ein bißchen Liebe, Verständnis und Phantasie investieren.
Ein viel größeres Problem ist indessen die Futterbeschaffung. Seitdem sich in unseren modernen Wohnungen die guten alten Stubenfliegen rar machen, muß man sich schon etwas anstrengen, wenn man den wenigen Exemplaren der plötzlich zu Kostbarkeiten gewordenen Plagegeister ein sinnvolles Ende im Froschmagen bereiten will. Die Fliegen müssen selbstverständlich lebend in den Froschbehälter eingebracht werden, damit bei den auf Beute lauernden Insassen der Jagdtrieb ausgelöst wird. Die Beutetiere werden mit den großen Kugelaugen, die wie Juwelen leuchten, scharf anvisiert und dann mit der langen Zunge blitzschnell »abgeschossen«.
Doch leider gibt es nur in seltenen Fällen so viele Fliegen, wie ein Frosch zu seinem Lebensunterhalt braucht. Was tun? Man kann zum Beispiel zusätzlich auf Spinnenfang gehen oder auf die Vielzweck-Mehlwürmer zurückgreifen oder eine gutgehende Fliegenzucht betreiben oder schließlich mit einem Kescher allmorgendlich Käfer und sonstiges Kleingetier von einer taufrischen Wiese abstreifen. Daß dieses Wiesenplankton gesünder und abwechslungsreicher ist als die faden Stubenfliegen und Mehlwürmer, liegt auf der Hand.
Wenn aber nun die nächste Wiese meilenweit entfernt ist, bleibt

immer noch eine letzte Möglichkeit: Man kann versuchen, die verwöhnten Laubfrösche an tote Beute zu gewöhnen, etwa mit kleinen Fleischstreifen. Es geht freilich nicht, diese Fleischmahlzeiten in einem Napf zu servieren. Ein rechter Frosch reagiert nur auf Nahrung, die sich bewegt. Um diese Bewegung vorzutäuschen, packen wir die Fleischhappen mit einer Futterpinzette (eine längere Briefmarkenpinzette tut's auch) und wedeln damit dem Frosch so lange vor der Nase herum, bis er endlich zuschnappt. Wenn wir Glück haben, tut er uns den Gefallen, und damit ist dann der Bann gebrochen.

Ein wohlgenährter Laubfrosch, der mit regelmäßigen Futtergaben rechnen kann, verzichtet gern auf seinen gewohnten Winterschlaf. Das verkürzt zwar sein Leben ein wenig und vereitelt bei Pärchen mit Sicherheit den Wunsch nach Kindersegen, ist aber ansonsten ziemlich risikolos.

Doch für alle Fälle will ich auch noch kurz erklären, wie ein Frosch-Winterlager beschaffen sein soll: Man füllt den Froschbehälter oder ein großes Glas bis oben mit frischem Moos und/oder Laub und stellt das Gefäß mitsamt seinem wintermüden Bewohner in eine dunkle Kellerecke, wo Temperaturen um 5° C herrschen. Im nächsten Frühjahr wird dann das Froschheim ausgeräumt, bis auf die wiedererwachten Insassen, für die das Leben im alten Stil weitergeht.

Unken

Gelegentlich tauchen sie in den Zoohandlungen auf, die hübschen, lustigen und possierlichen Unken, die ebenfalls zu den heimischen Vertretern der zoologischen Ordnung der Froschlurche zählen. Sie fallen bei uns mit Recht in die Kategorie der »geschützten Tiere«, jedoch ist die »Entnahme« einzelner Exemplare zum Zweck der privaten Haltung erlaubt. Das gleiche gilt übrigens auch für die soeben besprochenen Laubfrösche. Die Unken, die in den Geschäften verkauft werden, stammen allerdings durchweg gleichfalls aus dem Ausland.

Wir unterscheiden zwei Arten: die Rotbauch- oder Tieflandunke (*Bombina bombina*) und die Gelbbauch- oder Berglandunke (*Bombina variegata*). Die anscheinend immer seltener werdenden Gelegenheiten, ein oder gleich mehrere Exemplare dieser beiden Arten zu erstehen, sollte sich auch der Anfänger nicht entgehen lassen, zumal die Preise für jeden erschwinglich sind. Unken sind nämlich ausgesprochen liebenswerte, leicht zu pflegende und rasch zutraulich werdende Tiere, die nur wegen ihres düster und unheimlich klingenden Namens auf manche Leute abschreckend wirken.

Abschreckend sind an diesen Froschlurchen jedoch lediglich die Farben – freilich nicht für den Menschen, sondern für etwaige tierische Feinde, die wahrscheinlich einen gewaltigen Schrecken bekommen, wenn ihnen die sonst so harmlosen Unken ihren rot- bzw. gelbgefleckten Bauch zukehren. Wir Menschen finden diese grelle Warnfärbung eher apart und zudem recht praktisch, weil sie uns eine schnelle Identifizierung der beiden Arten ermöglicht. Daß es ausnahmsweise auch Rotbauchunken mit gelblicher und Gelbbauchunken mit rötlicher Unterseite gibt, soll uns dabei nicht weiter stören.

Alle Unken sind possierliche, lebhafte Zwerge, die nicht größer werden als 5 cm. Sie erfreuen den Betrachter durch die unfreiwillige Komik ihres Benehmens. Auch ihre Lautäußerungen, die wiederum nur auf das männliche Geschlecht beschränkt sind, überschreiten nie die Grenzen des Schicklichen. Das »Unken« klingt dem wahren Unkenfreund wie liebliche Musik in den Ohren und provoziert den Unkengegner nicht unnötig.

Damit sind, so hoffe ich, alle Vorbehalte und Zweifel ausgeräumt, und wir können nunmehr darangehen, eine angemessene Wohnung für unsere Unken einzurichten. Den Plural habe ich bewußt gewählt, denn Unken sind gesellige Tiere, die sich mit ihresgleichen gut vertragen – bis auf kleine Raufereien um die besten Futterbrocken.

Unken halten sich fast ausschließlich im Wasser auf. Das erleichtert uns die Sache sehr. Wir brauchen nur ein kleines oder mittelgroßes Kunststoffaquarium etwa 10 cm hoch mit nicht zu kaltem Wasser zu füllen, in die Mitte des Beckens einen Stein zu plazieren, der ein wenig über den Wasserspiegel herausragt, unsere Neuerwerbungen hineinzusetzen und das Ganze mit einem Fliegendrahtdeckel gut abzudecken – fertig! Im Wasser paddeln die Tiere munter umher, die Steininsel benutzen sie als »Landteil«, an den sie sich gerne anklammern, wenn sie sich zwischendurch von ihrem Wassersport ausruhen wollen, und die Abdeckung verhindert das Ausreißen der wanderlustigen Gesellen. Eine Heizung erübrigt sich, denn die Unken sind als Europäer an unser Klima gewöhnt.

Ein so spartanisch eingerichteter Behälter genügt den bescheidenen Pfleglingen und läßt sich durch regelmäßigen Wasserwechsel leicht sauberhalten. Aber er wirkt doch etwas kahl und nüchtern, fast wie ein Teil einer Laboreinrichtung. Zur Verschönerung kann man den Boden mit einer dicken Schicht Aquariensand oder -kies bedecken (vor der Einbringung ins Becken gründlich unter fließendem Wasser auswaschen, damit er das Wasser nicht trübt) und in den Bodengrund ein paar widerstandsfähige Kaltwasserpflanzen einsetzen. Die bekannte und billige Wasserpest eignet sich am besten, aber der Zoohändler hat bestimmt noch andere brauchbare Arten vorrätig.

Diese Bepflanzung möchte ich allerdings nur dem Besitzer eines großen Behälters anempfehlen, dessen flüssiger Inhalt nicht so oft erneuert zu werden braucht; denn es ist leider so, daß bei jedem vollständigen Wasserwechsel der Bodengrund ausgewaschen und die Pflanzen neu eingepflanzt werden müssen. Das bekommt auf die Dauer selbst der zähesten Vegetation nicht. Deshalb ein Kompromißvorschlag: Man steckt die Pflanzenstengel in kleine Glas- oder Plastikschalen, wo sie schnell anwurzeln. Diese Unterwasser-Blumentöpfe werden einfach auf den Beckenboden gestellt und bei Bedarf komplett herausgenommen.

Daß das Wasser, in dem sich die nimmersatten Unken tummeln, verhältnismäßig rasch schmutzig wird, hängt mit deren Ernährungsweise und den sich daraus ergebenden Abfallstoffen zusammen. Fliegen, Regenwürmer, Nacktschnecken, Falter und andere Insekten bilden ihr Leibgericht. Wo solch nahrhaftes Lebendfutter nicht in ausreichender Menge zu beschaffen ist, müssen Mehlwürmer oder Tubifex und rote Mückenlarven herhalten. Die Mehlwürmer werden einzeln verabreicht, da sie bei Berührung mit Feuchtigkeit schon nach wenigen Sekunden absterben und ihre zappelnden Bewegungen einstellen, die auf Unkenaugen so aufreizend wirken. Tubifex und Mückenlarven, dem Aquarianer als Zierfischfutter wohl vertraut, sind ebenfalls in jedem Zoogeschäft erhältlich. Sie werden einfach ins Wasser geworfen oder in kleinen Häufchen auf der Steininsel deponiert. Dank der ungezügelten Freßlust der Unken fällt es im allgemeinen nicht schwer, sie an tote Fleischnahrung (zum Beispiel in Streifen geschnittene Leber) zu gewöhnen, die mit der Futterpinzette dargeboten wird.

Mit den Unken haben wir unseren kleinen Rundgang durch die Welt der beliebtesten und interessantesten Heimtiere beendet. Ich habe mich bemüht, nur solche Tiere als Hausgenossen zu empfehlen, die auch für den noch unerfahrenen oder jugendlichen Liebhaber geeignet sind, und stets versucht, die jeweiligen Vor- und Nachteile fair darzustellen – fair gegenüber den Tieren und ihrem zukünftigen Halter, den ich jetzt der angenehmen Qual der Wahl überlasse.

Weiterführende Literatur

Heimtiere allgemein:

Adrian, Christine: *Welches Tier für unser Kind?*, Franckh'sche Verlagshandlung, Stuttgart

Behm, Hans Wolfgang: *Tiere als Hobby zu Haus*, Safari-Verlag, Berlin

Denham, Stephanie und Ken: *Hobbytiere*, Delphin-Verlag, Stuttgart-Zürich

Drabble, Phil: *Häusliche Arche Noah*, Franckh'sche Verlagshandlung, Stuttgart

Junge, Traudl: *Tiere mit Familienanschluß*, Ehrenwirth-Verlag, München

Kirchshofer, Rosl: *Tiere im Haus*, Hallwag-Verlag, Bern-Stuttgart

Lorenz, Konrad: *Er redete mit dem Vieh, den Vögeln und den Fischen*, Deutscher Taschenbuch Verlag, München

Paun, Klaus: *Kleintiere im Haus*, Buch und Zeit Verlagsgesellschaft, Köln

Paysan, Klaus: *Tiere bei uns zu Hause*, Humboldt-Taschenbuchverlag, München

Sachs, Walter Bernhard: *Der Zoo in Haus und Garten*, J. F. Lehmann Verlag, München

Trumler, Eberhard: *Wohnen mit Tieren*, BLV Verlagsgesellschaft, München-Basel-Wien

Zoll, Max Alfred (Hrsg.): *Das Neue Heimtierlexikon*, Ehrenwirth-Verlag, München

Zukowsky, Ludwig: *Tiere als Hausgenossen*, Winkler-Verlag, München

Kleinsäuger:

Bauer, Hermann: *Streifenhörnchen und andere Kleinsäuger*, A.-Philler-Verlag, Minden (Lehrmeister-Bücherei Nr. 25)

Cova, Carlo: *Das Streifenhörnchen*, Edizioni Encia, Udine

Müller, François: *Kleine Haustiere und ihre Pflege*, Hallwag-Verlag, Bern-Stuttgart

Nothdurft-Wölper, Charlotte: *Der Syrische Goldhamster*, A.-Philler-Verlag, Minden (Lehrmeister-Bücherei Nr. 27)

Schmidt, Günter: *Kleinsäuger*, Eugen-Ulmer-Verlag, Stuttgart

Schmidt, Günter: *Weiße Mäuse, Ratten und Meerschweinchen*, A.-Philler-Verlag, Minden (Lehrmeister-Bücherei Nr. 698)

Schmitz, Siegfried: *Kleine Heimtiere*, BLV Verlagsgesellschaft, München

Schwammberger, Karl: *Kleine Säugetiere – richtig gepflegt*, Franckh'sche Verlagshandlung, Stuttgart

Reptilien und Amphibien:

Bechtle, Wolfgang: *Bunte Welt im Terrarium*, Franckh'sche Verlagshandlung, Stuttgart

Jahn, Johannes: *Kleine Terrarienkunde*, A.-Philler-Verlag, Minden (Lehrmeister-Bücherei Nr. 66)

Jahn, Johannes: *Schildkröten*, A.-Philler-Verlag, Minden (Lehrmeister-Bücherei Nr. 166)

Nietzke, Günther: *Die Terrarientiere*, 2 Bände, Eugen-Ulmer-Verlag, Stuttgart

Sachs, Walter Bernhard: *Terrarienpflege leicht gemacht*, Franckh'sche Verlagshandlung, Stuttgart

Schmitz, Siegfried: *Terrarium*, BLV Verlagsgesellschaft, München

Notwendige Nachbemerkung: Wer sich intensiver mit dem schönen Hobby der Heimtierhaltung befassen oder weitere Tiere in seine Überlegungen einbeziehen will, kommt ohne Bücher nicht aus. Die Titel, die ich in meiner Liste aufgeführt habe, kann ich ihm uneingeschränkt empfehlen. Ich habe hier nur solche neueren Werke genannt, die allgemeinverständlich und praxisnah geschrieben sind und die man in jeder Buchhandlung kaufen oder in den öffentlichen Bibliotheken ausleihen kann.

Register

Namen- und Sachregister

Afrikanischer Dornschwanz 95
Albinos 34, 67
Amphibien 12, 25, 99
Anfassen 11
Angorameerschweinchen 44
Anschaffung 13
Aquaterrarium 93

Berglandunke 103
Bestrahlung 87
Borstenhörnchen 65
Burunduk 56

Chinesischer Streifenhamster 40
Chinesisches Zwergkaninchen 40

Dornschwanz 93
  Afrikanischer – 95
  Indischer – 95

Eichhörnchen 66
Eidechsen 93
Eingewöhnung 14
Einzelhaltung 39, 51, 74
Ernährung 15, 63, 73, 80, 98, 102, 105

Farbmäuse 68
Farbzwerge 51
Fertigfutter 15
Flughörnchen 65
Frösche 99
Futterpinzette 103
Futterraufe 46

Gelbbauchunke 103
Gerbils 77
Geruch 68
Geschlechtsunterschiede 16, 75
Gesundheit 17
Goldhamster 7, 13, 15, 17, 19, 27, 30, 31 ff.
Grauhörnchen 65
Griechische Landschildkröte 84
Grüner Leguan 94
Grünzeug (Grünfutter) 16, 49, 73, 89, 98

Hasenpest 28
Hausmaus 67
Heizkabel 97
Hörnchen 56

Indischer Dornschwanz 95
Insektizide 16

Japanische Tanzmaus

Käfig 20, 22, 45
Kalk 89
Kalkbeigaben 99
Kindertiere 18
Kletterbaum 62
Krankheitszeichen 17
Kriechtiere 83

Langhaarmeerschweinchen 44
Laubfrosch 100
Laufrad 38, 41, 70
Laufstall 45, 53, 86
Linné 26
Lurche 99

Mäuse 12, 13, 17, 19, 21, 66 ff., 75
Mäuseburg 70
Maurische Landschildkröte 92
Meerschweinchen 11, 12, 13, 15, 16, 17, 18, 21, 25, 27, 28, 42 ff., 86
Mehlwürmer 38, 94, 99, 102, 105
Mückenlarven 105

Nachwuchs 19, 49
Nagetiere 34
Nahrungsverweigerung 15

Palmenhörnchen 65
Peruanisches Meerschweinchen 44
Preise 20

Ratte 76
Raufe 89
Recht 21
Rennmäuse 7, 20
Reptilien 12, 20, 25, 87
Riesenhörnchen 65
Rosettenmeerschweinchen 44
Rotbauchunke 103
Rotwangen-Schmuckschildkröte 92

Salmonellen 28
Schlafkiste 37
Schildkröten 19, 20, 21, 27, 83 ff.
Sozialverhalten 34
Streifenhamster 40
Streifenhörnchen 7, 9, 19, 20, 22, 56 ff.
Stubenreinheit 54

Tanzmaus 75
Terrarium 101
Tieflandunke 103
Tierarzt 17
Tierschutzgesetz 22
Tollwut 28
Trinkwasser 39, 49, 55, 81, 64, 73
Trinkwasserautomat 37, 73, 81
Trockenfuttergemisch 49
Trommelsucht 55
Tubifex 105

Überwinterung 89
Unken 103
Unterbringung 22, 35, 59, 68, 79, 86, 96, 101, 104
Urlaub 24
UV-Licht 87, 98

Verdauungsstörung 55
Verhalten 81
Versandhandel 13
Vitamine 89, 99

Wanderratte 76
Wasserschildkröte 92
Weiße Maus 67
Wiesenplankton 102
Wildfänge 27, 29, 59
Winterschlaf 39, 90, 103
Wissenschaftliche Namen 26
Wüstenmäuse 7
Wüstenrennmäuse 25, 77 ff.

Zähmung 14, 26, 57
Zoonosen 28
Zucht 20, 41, 52, 55, 64, 74, 78, 82
Zuchtformen 34
Züchter 13
Zwergkaninchen 11, 12, 16, 18, 21, 27, 28, 51, 86

Wissenschaftliche Namen

Bombina bombina 103
Bombina variegata 103

Cavia cutleri 44
Cavia porcellus 44
Cricetulus griseus 40

Eutamias sibiricus 56

Hyla arborea 100

Leptospirose 28

Mesocricetus auratus 33
Muridae 75
Mus musculus 67

Pseudemys scripta elegans 92

Rattus norvegicus 76
Rodentia 34

Sciuridae 56

Testudo graeca 92
Testudo hermanni 84
Toxoplasmose 28

Uromastyx acanthinurus 95
Uromastyx hardwickii 95

humboldt-taschenbücher (in Klammern die Bandnummer)

praktische ratgeber
Kinderspiele (47)
Erziehen (80)
Kindersorgen (159)
Kinder basteln (172)
Arzt antwortet (176)
Leichter lernen (191)
Kinder raten (193)
Haushalt Rechenstift (194)
Schönheitstips (203)
Erste Hilfe (207)
Vornamen (210)
Buchführung (211)
Katzen (212)
Haushaltstips (213)
Sekretärin (214)
Ruhestand (216)
Eigentum (217)
Dackel (224)
Traumbuch (226)
Geschäftsbriefe (229)
Kneippkur (230)
Unser Baby (233)
Anstreichen (234)
Werken mit Holz (235)
Zuckerkranke (236)
Schulsorgen? (239)
Nähen (240)
Reden f. jed. Anlaß (247)
Herzinfarkt (250)
So bewirbt man sich (255)
Speisepilz/Giftpilz (256)
Pudel (258)
Komma-Lexikon (259)
Schulanfang (262)
Kinder schenken (264)
Zimmerpflanzen (270)
Kakteen (271)
Handschriften (274)
Angst erkennen (276)
Wellensittiche (285)
Gästebuch (287)
Weine (288)
Goldhamster (289)
Geschenke (290)
Taschenrechner (292)
Schäferhunde (298)
So schreibt man Briefe (301)
Gutes Benehmen (303)
Fotolexikon (308)
Verdauung (310)
Herz- und Kreislauf (311)
Partnerwahl/Partnerschaft (312)
Gedächtnis/Konzentration (313)
Wie helfe ich krank. Hund (319)
Perf. Heimwerkstatt (320)
Einrichten-Repar.-Renov. (321)
Krankenversicherung (322)
Hundelexikon (332)
Außenarbeiten u. Haus (334)
Holzarbeiten z. Hause (335)
Autogenes Training (336)
Rückenschmerzen (339)
Heilpflanzen (342)
Schönheitspflege (343)
Ikebana (353)
Guter Schlaf (354)
Heilmassage (355)
Kanarienvögel u. a. (356)
Versicherungen (357)
Deutsche Weine (361)
Rheuma (364)
Allergien (365)

kochen
Mixgetränke (218)
Tiefkühlkost (219)
Schnellküche (220)
Kalte Küche (221)
Fleischgerichte (222)
Fischgerichte (223)
Grillen (245)
Schnellkochtopf (251)
Diät Zuckerkranke (257)
Diät Leber Galle (260)
Backen (269)
Mittelmeerküche (275)
Salate (286)
Fondues (294)
Preiswert kochen (295)
Leichte Kost (306)
Allerlei Suppen (307)
Schlankheitsküche (316)
Nachspeisen (317)
Italienische Küche (328)
Hackfleischgerichte (329)
Küchenlexikon (340)
Kräuter, Gewürze (341)
Käselexikon (358)
Jugoslaw. Küche (359)

freizeit – hobby – quiz
Frag 3300× (23)
Briefmarkensammler (58)
Wer weiß es? (68)
Frag mich was! (79)
Frag noch was! (83)
Schach (85)
Frag weiter! (90)
Kreuzworträtsellex. (91)
Wer ist das? (118)
Wer knobelt mit? (143)
Vogelvolk (147)
Großwild Afrika (161)
Zaubertricks (164)
Ziertische (171)
Quiz i. Wort u. Bild (174)
Spielen Sie mit! (190)
Spaß m. Tests (195)
Kartenspiele (199)
Der Garten (202)
Fotografieren (204)
Intelligenztest (225)
Partybuch (231)
Filmen (232)
Mit Zahlen spielen (237)
Skat (248)
Mikroskopieren (249)
Gartenarbeit (252)
Garten – angelegt (254)
Rätsel, leicht gelöst (263)
Modelleisenbahn (266)
Basteln mit Stoff (267)
Zeichnen (268)
Mein Aquarium (272)
Bridge (273)
Bergwandern (278)
Steine sammeln (280)
Gesellschaftsspiele (281)
Brettspiele (282)
Patiencen (293)
Schach ohne Partner (299)
Glücksspiele (309)
Häkeln (314)
Stricken (315)
Pfeife rauchen (318)
Taschenb. d. Jagd (325)
Filmen-Techn.-Motive (330)
Am Brunnen v. d. Tore 100 Volks- u. Wanderlieder (331)
Fotomotive (346)
Rosen (347)
Balkone, Terrassen, Dachgarten (350)
Schreibspiele u. a. (352)
Tanzen (362)
Schachtaktik (363)

sport für alle
Yoga (82)
Segelsport (123)
Selbstverteidigung (178)
Reitlehre (205)
Angeln/Fischen (206)
Gymnastik (228)
Skilanglauf (241)
Skisport-Berater (242)
Kegeln (243)
Tennis (253)
Ski – aktuell (265)
Tauchen (277)
Golf (279)
Sportschießen (300)
Taschenb. d. Sports (302)
Taschenlex. Wassersport (304)
Windsurfing Wasserski (305)
Pferde u. Reiten (323)
Sportbegriffe v. A-Z (324)
Kanu (326)
Meeresangeln (327)
Yoga+Gymnastik (333)
Pferderennen/Wetten (348)
Lex. d. Segelsports (349)
Squash (360)

sprachen
Dänisch (124)
Englisch I (11)
Englisch II (61)
Englisch lernen (Bild) (296)
Französisch I (40)
Französisch II (109)
Französisch lernen (Bild) (297)
Italienisch I (55)
Italienisch II (108)
Russisch (81)
Serbokroatisch (183)
Spanisch I (57)
Italienisch (Bild) (344)
Spanisch lernen (Bild) (345)

moderne information
Wirtschaftslexikon (24)
Wörterb. Philosophie (43)
Musikinstrumente (70)
Rausch d. Drogen (140)
Kunst d. Völker (141)
Mengenlehre (142)
Computerrechnen (146)
Leben, beginnt (149)
Transistoren (151)
Kultur (152)
Betriebswirtschaft (153)
Welt d. Sinne (162)
Elektrotechnik (163)
Organische Chemie (165)
Revolutionen (166)
Amerika (167)
Psychoanalyse (168)
Wortschatz (170)
Technik formt Leben (173)
Mit Atomen leben (177)
Taschenlex. Antike (180)
Rechenschieber (181)
Japan (185)
Moleküle (186)
Die neuesten Wörter (187)
Datenverarbeitung (200)
Pflanzen bestimmen (208)
Tiere bestimmen (209)
Weltatlas (227)
Psychologie (238)
PSI (244)
Volkswirtschaft (246)
Management-Begriffe (261)
Erkenne dich/andere (283)
Astrologie (284)
Weltgeschichte (291)
Wörterb. Psychologie (337)
Mikroprozessor (338)
Baustile (351)